Zeitarbeit erfolgreich verkaufen

Springer Nature More Media App

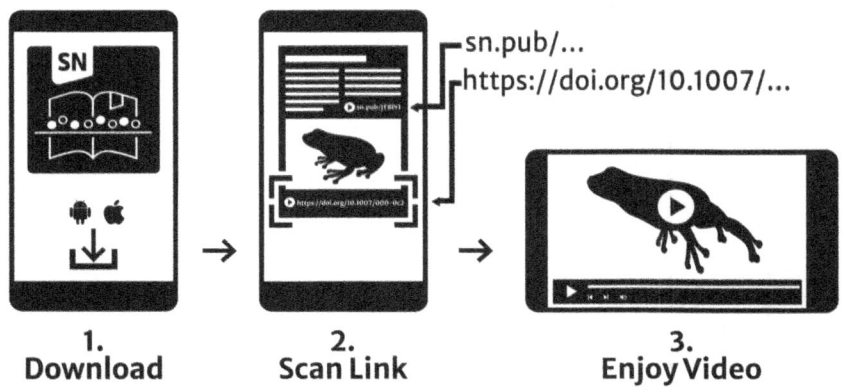

sn.pub/...
https://doi.org/10.1007/...

1.
Download

2.
Scan Link

3.
Enjoy Video

Support: customerservice@springernature.com

Nicole Truchseß • Markus Brandl

Zeitarbeit erfolgreich verkaufen

Praxistipps für Arbeitgeberakquise, Recruiting und Bewerbermanagement

3., überarbeitete und erweiterte Auflage

Nicole Truchseß
Truchseß & Brandl GmbH
Wiesloch, Deutschland

Markus Brandl
Truchseß & Brandl GmbH
Wiesloch, Deutschland

Die Online-Version des Buches enthält digitales Zusatzmaterial, das durch ein Play-Symbol gekennzeichnet ist. Die Dateien können von Lesern des gedruckten Buches mittels der kostenlosen Springer Nature „More Media" App angesehen werden. Die App ist in den relevanten App-Stores erhältlich und ermöglicht es, das entsprechend gekennzeichnete Zusatzmaterial mit einem mobilen Endgerät zu öffnen.

ISBN 978-3-658-33639-4   ISBN 978-3-658-33640-0 (eBook)
https://doi.org/10.1007/978-3-658-33640-0

Die Deutsche Nationalbibliothek verzeichnet diese Publikation in der Deutschen Nationalbibliografie; detaillierte bibliografische Daten sind im Internet über http://dnb.d-nb.de abrufbar.

Springer Gabler
© Springer Fachmedien Wiesbaden GmbH, ein Teil von Springer Nature 2014, 2017, 2021
2nd edition: © (c) 2014 by Personal, Recht, Management Limited, Birmingham 2014

Lektorat/Planung: Monika Muelhausen
Springer Gabler ist ein Imprint der eingetragenen Gesellschaft Springer Fachmedien Wiesbaden GmbH und ist ein Teil von Springer Nature.
Die Anschrift der Gesellschaft ist: Abraham-Lincoln-Str. 46, 65189 Wiesbaden, Germany

Vorwort

Als junge Personaldisponenten hatten wir beide das Glück, eine professionelle Ausbildung genießen zu dürfen. Dieses wertvolle Fundament und das Streben nach lebenslangem Lernen sind unsere stetigen Wegbegleiter und verantwortlich für unsere Entwicklung als Unternehmensberater, Trainer und Coaches. Die Zeitarbeit hat sich in den letzten 25 Jahren sehr stark verändert, sodass kontinuierliche Weiterbildung ein absolutes Muss in dieser Branche ist. Wir sind uns sicher, ohne Rechtsseminare, Vertriebstrainings, Telefoncoachings, Führungsseminare, Rekrutierungstrainings und Social-Media-Workshops gelingt kein rechtssicherer und nachhaltiger Vertriebs- und Rekrutierungserfolg.

Unsere Erfahrungen aus über 30 Jahren Zeitarbeit mit in Summe sicherlich 30.000 Telefonaten und 15.000 Kundenbesuchen bei Bestands- oder Neukunden, bei Geschäftsführern, Personalleitern und Fachvorgesetzten prägen unsere Arbeit. Das erlebte Wissen aus über zwölf Jahren Live-Telefoncoaching und unsere feste Überzeugung, dass Vertrieb kein notwendiges Übel ist, sondern Spaß macht, motivierten uns zu diesem Buch, mit dem wir Sie bei Ihrer Aufgabe unterstützen möchten.

Die Arbeit als Personaldisponent/Personalberater ist sehr abwechslungsreich. Der Verantwortungsbereich ist von Firma zu Firma jedoch unterschiedlich, denn das Berufsbild hat sich aufgrund der Entwicklungen auf dem Markt stark gewandelt. Es gibt den 360-Grad-Berater, der neue Kunden akquiriert, neue Bewerber rekrutiert, am Telefon Aufträge entgegennimmt und die Kunden besucht, um sie für seine Dienstleistung zu gewinnen. Gleichzeitig schaltet er Anzeigen, führt Mitarbeiter- und Sozialgespräche, erstellt Profile, empfiehlt Kandidaten, bereitet die Abrechnungen vor und vieles mehr. Der Personaldisponent befindet sich daher auch im Konflikt zwischen seiner personellen sozialen Verantwortung für seine Mitarbeiter und dem betriebswirtschaftlichem Unternehmerdenken. Denn ohne Kunden keine Einstellungen und ohne Bewerber kein Auftrag. Das ist ein anspruchsvolles Aufgabengebiet und die Bewerbersituation, die Haltung der Unternehmen, die Digitalisierung und die Rechtsveränderungen in den letzten Jahren führten zu einem noch viel komplexeren Aufgabengebiet. Viele Personaldienstleister haben darauf reagiert, indem sie Vertrieb und Rekrutierung getrennt haben. Somit gibt es Kollegen und Kolleginnen in den Niederlassungen, die sich entweder auf die Kunden- oder Kandidatengewinnung fokussieren und daher sich sehr gut absprechen müssen, um die Stellen optimal zu besetzen. Der Vorteil dieser Splittung ist, dass man den Stärken der einzelnen Berater gerecht wird und nicht jeder alles machen muss. Der Nachteil liegt eindeutig in der nicht immer funktionierenden Abstimmung und der unterschiedlichen Sichtweise der beiden Schnittstellen.

Da sich seit der Erstauflage unseres Buches sehr viel verändert hat, freuen wir uns sehr darüber, dass wir die Chance haben, mit unserer dritten Auflage den Neuerungen gerecht zu werden. Wir haben an verschiedenen Stellen dieses Buches entsprechende Änderungen vorgenommen.

Betrachten Sie das aktualisierte Buch als fachlich fundierte Hilfestellung für die vielfältigen Alltagssituationen als Einsteiger[1] in die Zeitarbeitsbranche. Da wir nie aufhören dürfen, uns zu reflektieren und uns weiterzubilden, finden bestimmt auch erfahrene Kolleginnen und Kollegen interessante Tipps, um sich wertvolle Grundlagen wieder in Erinnerung zu rufen. Oder Sie passen Ihr Wissen auf die sich nun veränderten Marktbedingungen an. Alle Inhalte sind durch unsere eigene Erfahrung, vor allem durch Live-Telefoncoachings und den kontinuierlichen Austausch mit unseren Kunden praxiserprobt. Wir sprechen die Punkte, die im Vertrieb häufig Schwierigkeiten bereiten, unverblümt, kurz und knapp an.

Das sind viele konkrete praktische Tipps für Ihre Vertriebsprozesse, für die Bereiche Kundenakquise, Bewerbersuche und Bewerbermanagement – der Grundstein für Ihre Qualitätssicherung in der Vertriebsarbeit. Sie werden auch neue Wege für kundenorientierte Angebote entdecken, für spannende Kandidatenprofile, aber auch für neue Themen wie Personalvermittlung oder Ihr individuelles Marketing. Das Ziel ist es, Sie zu stärken, damit Sie Ihren Kunden und Bewerbern selbstbewusst als Dienstleister auf Augenhöhe begegnen können.

Nutzen Sie die vielen Checklisten aus unserer täglichen Arbeit zur Vorbereitung Ihrer Termine, so wie der Pilot es vor dem Start seines Flugzeuges mit dem Kopiloten hält. Die zahlreichen Gesprächsbeispiele, Fragelisten, Antwortmöglich-

---

[1] Aus Gründen der besseren Lesbarkeit wird in diesem Buch auf die gleichzeitige Verwendung der Sprachformen männlich, weiblich und divers verzichtet. Sämtliche Personenbezeichnungen gelten natürlich gleichermaßen für alle Geschlechter.

keiten und Denkanstöße können Sie wie einen Werkzeugkoffer öffnen und sich das für die jeweilige Situation angemessene Hilfsmittel herausgreifen. Suchen Sie sich heraus, was zu Ihnen passt, denn Authentizität ist wichtig für Ihre individuelle Entwicklung.

Unser Slogan lautet: „Unsere Leidenschaft für Ihren Erfolg", und wir hoffen, dass Sie dies auch bereits beim Lesen dieses Buches spüren.

Und nun viel Spaß beim Lesen und viel Erfolg bei der Anwendung

Wiesloch, Deutschland

Nicole Truchseß
Markus Brandl

Inhaltsverzeichnis

Über die Autoren

Nicole Truchseß Die Diplom-Betriebswirtin (FH) und ehemalige Personal- und Vertriebsleiterin verfügt über 2025 Jahre Erfahrung. Als Business Coach und Master akkreditierte INSIGHTS MDI® – und ASSESS® – Beraterin begleitet sie international vorwiegend mittelständische Unternehmen aus den unterschiedlichsten Branchen. Besonders stark nachgefragt sind ihre Live-Telefoncoachings zum Thema „Neukunden- und Mitarbeitergewinnung". In der Personaldienstleistungsbranche genießt sie als Autorin und Unternehmensberaterin einen Expertenstatus.

Markus Brandl Der Spezialist für Vertriebs- und Führungsthemen kann auf über 20 Jahre Erfahrung zurückgreifen. Als Mitglied der Geschäftsleitung trug er die Verantwortung für 120 Vertriebsmitarbeiter und einen Jahresumsatz von 107 Mio. EUR. Heute feiert sein *6-in-8-Neukundenkonzept*[1] in Deutschland und Österreich große Erfolge. Als Speaker begeistert er mit Vortragsstärke und Fachkompetenz.

Kontakt:

www.truchsessbrandl.de

---

[1] Das *6-in-8-Konzept*® ist ein von Truchseß & Brandl Vertriebsberatung OHG entwickeltes strategisches Neukundengewinnungskonzept, das markenrechtlich geschützt ist.

Abkürzungsverzeichnis

AÜG   Arbeitnehmerüberlassungsgesetz
BV   Betriebsvereinbarung
BR   Betriebsrat
BZ   Branchentarifzuschläge
MA   Mitarbeiter
NL   Niederlassungsleiter
PD   Personaldisponent
PSA   Persönliche Schutzausrüstung
RV   Rahmenvereinbarung
WV   Wiedervorlage

Abbildungsverzeichnis

Tabellenverzeichnis

Die richtigen Rahmenbedingungen für einen erfolgreichen Vertrieb in Ihrem Unternehmen

1

Zusammenfassung

Bevor man sich Gedanken zum Thema „Vertriebskönnen" macht, sind gerade in der Personaldienstleistung einige grundlegende strategische Punkte zu klären. In diesem Kapitel zeigen wir auf, warum es so wichtig ist, sich mit seinem Markt vertraut zu machen, die interne Ausrichtung der Niederlassung zu planen und Vertriebsstrukturen festzulegen, bevor und während man mit der Akquise neuer Kunden und der Rekrutierung neuer Mitarbeiter beginnt.

1.1 Vertriebsstrategische Schritte in der Personaldienstleistung

Mehrfach pro Monat coachen wir „live" Kollegen aus der Zeitarbeit und anderen Personaldienstleistungsbereichen im Tagesgeschäft. Immer wieder begegnet uns die Ansicht, dass Vertriebserfolg mit der Anzahl an vertrieblichen Aktivitäten gleichgesetzt wird. Unserer Meinung nach sind eine effektive Struktur und eine gute Qualität der vertrieblichen Aktionen erfolgversprechender, als sich auf zu viele Telefonate und Besuche zu konzentrieren. Also ein perfekter Mix aus Masse und Klasse. Nur, wie erarbeitet man sich diese Erfolgsstrategie?

© Springer Fachmedien Wiesbaden GmbH, ein Teil von Springer Nature 2021
N. Truchseß, M. Brandl, *Zeitarbeit erfolgreich verkaufen*,
https://doi.org/10.1007/978-3-658-33640-0_1

1.1.1 Strategie und Vertriebsausrichtung definieren

Personaldisponenten und -berater bearbeiten ihren Markt häufig eher passiv anstatt aktiv, weil das Tagesgeschäft in der Personaldienstleistungsbranche turbulent und weitgehend fremdbestimmt ist. Das funktioniert, solange der Markt händeringend Arbeitskräfte sucht. Sobald aber wirtschaftliche Veränderungen eintreten oder ein wichtiger Bestandskunde wegfällt, ändert sich die Situation. Das Krisenjahr 2020 hat dies mit voller Wucht gezeigt. Deshalb warnen wir immer vor zu wenigen Vertriebsaktivitäten, da ansonsten die Gefahr besteht, dass man seinen eigenen Markt und dessen Entwicklung nicht im Auge behält. Ein relativ sicheres Zeichen für eine solche Situation ist dann gegeben, wenn es nicht gelingt, einen guten Kandidaten oder freien Mitarbeiter ohne vorhandenen offenen Auftrag zu platzieren.

Welche wichtigen strategischen Fragen müssen Sie sich also für eine zielsichere Ausrichtung der Vertriebstätigkeit in Ihrem Personaldienstleistungsunternehmen stellen?

- Was verstehe ich unter attraktiven Arbeitsplätzen?
- Welche Firmen sind somit Zielkunden für meine Mitarbeiter bzw. für mich?
- Wann wird denn ein potenzieller Kunde für mich interessant?
- Wie kategorisiere ich Interessenten und Kunden in meinem Unternehmen (zum Beispiel nach Region, ABC, Qualifikation, Umsatzpotenzial, Dienstleistungsportfolio, Branche, Branchenzuschlagskunde, Auftragsdauer etc.)?
- Welche Kriterien liegen dieser Auswahlentscheidung zugrunde?

Von der Klärung dieser Fragen ist das gesamte Unternehmen betroffen, und die Bedeutung nimmt zu, da Recruiter und Vertriebler je nach Ausrichtung verschieden agieren werden. Der Kollege, der sich ausschließlich um das Bewerbermanagement kümmert und seinen Fokus auf den Mitarbeiter hat, sieht die Attraktivität eines Auftraggebers unter einem anderen Blickwinkel als sein Teamkollege aus dem Vertrieb. Wenn hier keine Klarheit und keine einheitliche Priorisierung herrschen, kann es zu Unstimmigkeiten und schlimmstenfalls zur Nichtbesetzung von Aufträgen kommen. Somit stellen die zuvor aufgeführten Fragen und deren Beantwortung eine Grundorientierung dar, auch wenn es nicht immer leicht ist, dabei alles richtig einzuschätzen.

Viele Branchen, wie zum Beispiel der Onlineversandhandel, benötigen saisonal bedingt personelle Unterstützung und suchen in diesen Zeiten verstärkt Arbeitskräfte. Daher entscheiden sich viele Bewerber bewusst für solche Arbeitgeber. Wenn Sie als Personalprofi aber keine Informationen über die Lohnfindung und die Preisgestaltung haben, kann es sich im Nachhinein herausstellen, dass das von

Ihnen zunächst als positiv betrachtete Unternehmen nicht das hält, was es auf den ersten Blick verspricht. Gerade in Zeiten von Branchenzuschlägen und Equal Pay benötigen Sie hierzu rechtssichere Informationen. Sie sehen, dass sehr viele Kriterien zu berücksichtigen sind und dass jeder für sich eine Entscheidung treffen muss. Doch nicht nur die Vertriebskollegen sind von diesen Fragen betroffen. Erst wenn Sie die Strategie für Ihr gesamtes Unternehmen geklärt haben, können Sie Ihre individuelle Vertriebsstrategie davon ableiten. Aufgrund der rechtlichen Veränderungen nimmt dieser Punkt an Fahrt auf, da vor den zeit- und geldintensiven Akquisetätigkeiten geklärt sein muss, inwieweit die Veränderung der Höchstüberlassungsdauer und anderer Faktoren, Auswirkungen auf die Attraktivität eines Kunden hat. Ist es beispielsweise noch gewünscht, Firmen zu gewinnen, die Equal Pay nicht zahlen möchten oder anders gefragt, wäre es sicherer, generell die Überlassungshöchstdauer auf neun Monate zu begrenzen? Somit würde man nicht Gefahr laufen, falsche Angaben vom Kunden zu erhalten. Grundlegende Themen wie Mission, Vision und Marke Ihrer Firma sind dafür die Voraussetzung. Dies ist äußerst wichtig und somit Chefsache. Wenn diese Punkte in Ihrem Hause nicht geregelt sind, raten wir Ihnen dringend zu einem Strategie- und einem daran anschließenden Führungsworkshop.

1.1.2 Kunden- und Mitarbeiterstruktur festlegen

Sobald Sie Ihre Unternehmens- und Vertriebsstrategie definiert haben, können Sie Ihre Kunden- und Mitarbeiterstruktur festlegen:

- Welche Kunden befinden sich in der Nähe des Standortes?
- Welche Mitarbeiter/Bewerber mit welchen Qualifikationen wohnen hier verstärkt?
- Welche Bewerber melden sich auf Anzeigen?
- Wo sind welche Wettbewerber und wie sind diese aufgestellt?
- Wie hoch ist das Lohnniveau/die Arbeitslosenquote?
- Mit welchen Maßnahmen kann ich Mitarbeiter gewinnen?
- Wo sind Arbeitsagenturen und Bildungsträger?
- Wie müssen daher meine Anzeigen aussehen?

Dabei stellt sich auch die Frage, ob Sie sich spezialisieren oder alle Branchen und Qualifikationen abdecken wollen, sozusagen als „Bauchladenanbieter". In Zeiten von Branchenzuschlägen und Equal Pay haben es Generalisten schwerer, den Kunden und auch den Bewerber in jedem Bereich zufriedenzustellen. Er kann sich nicht mit Spezialthemen abheben und schwimmt mit der Masse. Das könnte auch negative Auswirkungen auf die Sichtbarkeit haben und nimmt einem die Vorteile (zum Beispiel übertarifliche Gehälter für die Mitarbeiter und Anerkennung als kompetenter Geschäftspartner) einer klaren Positionierung auf dem Markt.

Stellen Sie sich deshalb die Frage, ob Sie Schwerpunkte setzen können, um eine Alleinstellung in Ihrem Gebiet zu erhalten und sich von anderen Anbietern zu unterscheiden. Verfügen Sie über Kenntnisse, die Ihnen dabei helfen, bestimmte Nischen erfolgreich zu bearbeiten und mit diesem Alleinstellungsmerkmal zu glänzen? Aber Achtung, wenn Sie als Experte nur für eine Branche in einem einzigen Gebiet tätig zu sein, gehen Sie ein beträchtliches Risiko ein und werden unter Umständen von wenigen potenziellen Kunden abhängig! Achten Sie auf die richtige Balance.

1.1.3 Ihre Marke und deren Außenwirkung

Aus Erfahrung wissen wir, dass die Beantwortung der Kernfrage „Was unterscheidet Sie vom Wettbewerb?" immer schwieriger wird. Denn von außen betrachtet, gibt es kaum noch Unterschiede. Alle Personaldienstleister sind mehr oder weniger gleich aufgestellt. Die Branche ist stark reguliert, durch die Tarifverträge und die offene Kalkulation vergleichbar. Der angespannte und meist leer gefegte Bewerbermarkt verstärken diesen Eindruck zusätzlich. Daher raten wir immer: Werden Sie zu Ihrer eigenen Marke und schaffen Sie einen Mehrwert für Ihre Kunden durch Ihre eigene Persönlichkeit. Achten Sie darauf, Ihren eigenen Nutzen zu verinnerlichen. Je selbstverständlicher Sie das beim Kunden anbringen können, desto selbstbewusster und zielstrebiger werden Sie in Ihrem Auftreten. Der Kunde spürt und erkennt, dass Sie sich vorab Gedanken gemacht haben.

Am überzeugendsten gelingt dies, wenn Sie sich den persönlichen Erstkontakt bei einem Interessenten (potenzieller Neukunde) live vorstellen. Spielen Sie sich das Gespräch gedanklich – am besten sogar laut – einmal durch. Die Hauptfrage des Kunden wird bestimmt lauten:

▶   „Weshalb soll ich gerade mit Ihnen zusammenarbeiten und nicht mit dem Wettbewerb?"

Weitere wichtige Fragen in diesem Zusammenhang sind:

- Was macht die Marke meiner Firma und die Kerneigenschaften aus?
- Wie soll meine Firma von meinen Kunden, Mitarbeitern, Wettbewerbern und Bewerbern wahrgenommen werden?

- Wie sieht die Aufgaben- und Rollenverteilung aus?
- Wie muss ich auf dem Markt auftreten?
- Welche Kunden möchte ich aktiv ansprechen und langfristig binden? Welche nicht?
- Welche Kriterien müssen diese erfüllen und woran mache ich diese Kriterien fest?
- Welche Informationen benötige ich, um eine Entscheidung treffen zu können?
- Welche Fragen sind beim Kunden vor Ort oder am Telefon zu klären?

1.2   Effektive Vertriebsstrukturen und Organisationsformen in der Zeitarbeit

Für den Vertrieb in der Personaldienstleistungsbranche haben sich verschiedene Organisationsformen entwickelt. Aufgrund der stetigen Veränderungen der Branche und der differenzierten Ausrichtung der Firmen gibt es keine eindeutige Empfehlung für die optimale Lösung. Folgende Konstellationen sind im uns Laufe der Jahre in der Praxis begegnet. Sie bieten je nach persönlicher Situation und der Ihres Unternehmens Vor- und Nachteile (s. Tab. 1.1).

1.3   Qualitätssicherung der vertrieblichen Aktionen

In der Zeitarbeit wird häufig spontan, ohne Vorbereitung zum Telefon gegriffen. Selbst wenn Sie die strategischen Fragen innerhalb Ihres Unternehmens geklärt haben, reicht das noch nicht, um erfolgreich zu telefonieren. Ohne gezielte Informationen über das Kundenunternehmen bzw. Ihren Ansprechpartner wird der Erfolg ausbleiben und sich der Druck auf Ihren Vertrieb erhöhen. Die Folge: Freude und Motivation lassen nach und der Griff zum Telefonhörer fällt immer schwerer.

Wir beobachten häufig, dass talentierte und sehr fleißige Kollegen Zeitarbeitsunternehmen oder auch die Branche an sich wieder verlassen. Die Fluktuationsquote beläuft sich auf etwa 20 bis 30 %, was auf die Dauer teuer wird. Daher prüfen Sie, ob das Engagement Ihrer Mitarbeiter nicht an der falschen Stelle erfolgt, denn es liegt nicht immer am Mitarbeiter alleine, wenn sich kein Erfolg einstellt. Auch die Rahmenbedingungen müssen stimmen. Gerade nach Weiterbildungsmaßnahmen ist es bedauerlich, wenn Erlerntes nicht umgesetzt werden kann, weil das Umfeld nicht stimmt.

Tab. 1.1 Vor- und Nachteile der jeweiligen Organisationsformen[a]

	Organisationsform	Verantwortungsbereiche	Vorteile	Nachteile
Klassische Struktur	Klassischer Personaldisponent	Kümmert sich um wirklich alle Belange: Bewerbersuche Vorstellungstermine Vertragsunterzeichnungen Einstellungen Vorbereitung zur Lohnbuchhaltung Akquise von Neukunden Betreuung der Bestandskunden	Keine Abhängigkeit von einzelnen Personen Leichtere Vertretungsregelung Besseres Matching möglich	Geringere Spezialisierung Erfordert mehr Disziplin
Vertrieb und Personal	Vertriebsdisponent	Kundenakquise und Betreuung der Stammkunden	Spezialisierung Optimale Ausrichtung von Stärken	Mehr Schnittstellen → größere Gefahr von Informationsverlusten Größerer Abstimmungsbedarf
	Personalberater	Mitarbeitersuche, Gespräche Einstellung Mitarbeiterbetreuung und Bewerbermanagement		
	Personalsachbearbeiter	Komplette Lohnabwicklung		
Vertriebseinheiten	Vertriebsteam	Neukundenakquise	Ausbau der Spezialisierung Höhere Effektivität	Mehr Schnittstellen → größere Gefahr von Informationsverlusten Größerer Abstimmungsbedarf
	Personalrecruiter	Stellt sicher, dass stets geeignete Mitarbeiter zur Verfügung stehen		
	Sachbearbeiter	Lohnabwicklung (rein administrativ)		
	Personalbetreuer/Berater	Bestandskundenbetreuung Betreuung bestehender Mitarbeiter		

Personaleinheiten			
Niederlassungsleiter	Neukundenakquise Schlüsselkundenbetreuung mind. 2 × jährlich Besuche Sobald Anfragen eintreffen, wird Interessent an den (PD) abgegeben	Ausbau der Spezialisierung Höhere Effektivität	Keine Nachwuchsbildung für Neukundenakquise. Fällt NL weg, so auch der Motor für Akquise
Personaldisponent (PD)	Verantwortet Kundenausbau, Kundenbindung. Kennt den Kunden am besten und muss wissen, welcher Mitarbeiter zu welchem Kunden passt. Stellt sicher, dass stets geeignete Mitarbeiter zur Verfügung stehen	Optimal auf die einzelnen Vertriebspersönlichkeiten anwendbar (Stärken stärken). Bringt viel Individualität/Flexibilität in kleine Einheiten	
Personalsachbearbeiter	Lohnabwicklung (rein administrativ)		
Telefonakquisiteure	Neukundenakquise Terminvereinbarung	Perfekt unterstützend für NL und PD (z. B. 2 × wöchentlich 4 h)	NL und PD verlassen sich zu sehr auf die Telefonie

[a]Nicht erwähnt sind weitere Positionen wie Vertriebsleiter, Key Account Manager, Regionalleiter, da diese hauptsächlich auf die großen, mindestens national arbeitenden Zeitarbeitsfirmen zutreffen

Sie als Führungsperson, Teammitglied und als Einzelner können jeweils persönlich dafür sorgen, gute und qualitätsorientierte Vertriebsarbeit zu leisten. Zur Sicherung der Qualität der eigenen Vertriebsaktivitäten ist es erforderlich, dass jeder auf Basis der Unternehmensstrategie und auf sein Aufgabengebiet bezogen vorbereitende Überlegungen anstellt und wichtige Vertriebsschritte plant:

- Wie sieht mein Markt aus?
- Wo finde ich meine Kunden bzw. meine potenziellen Neukunden?
- Was macht eine Firma für mich interessant?
- Was ist für mein Unternehmen ein guter Kunde?
- Warum will ich dieses Unternehmen als Kunden gewinnen?
- Wer sind meine Ansprechpartner? Gibt es mehrere oder nur einen?
- Wer ist der verantwortliche Entscheider?
- Was für eine Funktion und welche Aufgaben hat der Entscheider?
- Welche Informationen und Leistungsangebote könnten für meinen Ansprechpartner interessant sein?
- Welcher Verhaltenstyp ist mein potenzieller Kunde und wie muss ich ihn daher ansprechen?
- Welches Ziel verfolge ich mit dem Gespräch?

Insbesondere die Frage nach Zweck und Ziel des Gesprächs ist entscheidend für den Ausgang und auch für den Erfolg des Akquisekontakts.

Stimmen Sie sich auf Ihr Gegenüber ein und beantworten Sie folgende Fragen:

- **Welches Ziel verfolge ich mit dem Gespräch?** Geht es um einen Termin oder möchte ich Informationen, um den Interessenten kategorisieren zu können?
- **Welche Informationen benötige ich zur Qualifizierung des Kunden?** Eckpunkte für die Qualifizierung sind: Attraktivität der Arbeitsplätze, Größe, benötigte fachliche Qualifikationen und Potenzial des Unternehmens. Das erleichtert es Ihnen, mit dem augenscheinlichen Druck, jeden Auftrag besetzen zu müssen, umzugehen. Solide Jahresplanungen und Zielvereinbarungen sind unerlässliche und professionelle Vertriebsführungselemente. Vertriebserfolg kann langfristig nur dann entstehen, wenn der Druck des Umfelds nicht lähmend wirkt.
- **Warum sollen meine Mitarbeiter gerade bei dieser Firma arbeiten?** Sie tragen Sozialverantwortung als Personaldisponent und müssen betriebswirtschaftlich agieren. Um beide Aspekte vereinen zu können, hilft Ihnen die Beantwortung dieser Frage. Einerseits wird hierdurch das Akquirieren des Kunden einfacher und andererseits das Gewinnen eines neuen Mitarbeiters. Beide Sei-

ten wollen Ihre Begeisterung und Ihre Überzeugung für den Auftrag, für die Stelle und das jeweilige Arbeitsumfeld für den Kandidaten spüren. Gleichzeitig hat es einen positiven Effekt für Sie, denn Ihnen fällt das Verkaufen leichter und die Personalarbeit steht im Mittelpunkt.

Mit diesen Vorbereitungen können Sie Ihrem Akquisetermin selbstbewusst bestreiten. Ihr Kunde wird Sie, persönlich oder telefonisch, als professionellen und attraktiven Gesprächspartner wahrnehmen, was Ihre Erfolgsaussichten deutlich steigert.

Sie haben einen roten Faden und werden die Gesprächsführung übernehmen. Sie haben Ihr Gesprächsziel im Blick und verringern die Gefahr, dass es zu überraschenden Wendungen kommt. Das, was Sie sagen, ist wichtig. Entscheidend für den Beginn einer langfristigen Kundenbeziehung ist jedoch der nachhaltige Eindruck, den Sie beim Gesprächspartner hinterlassen. Er will sicher sein, dass Sie der richtige Partner sind, und im besten Fall Freude an der Zusammenarbeit mit Ihnen haben.

Wie Sie Besuchs- oder Telefontermine nachbereiten, erfahren Sie in Abschn. 2.12.

Die Vertriebsgrundlagen – der Schlüssel zum Erfolg

Zusammenfassung

In der Personaldienstleistung wird Vertrieb oftmals entweder negativ empfunden oder aufgrund des Fachkräftemangels als scheinbar überflüssig angesehen. Die persönliche Einstellung mancher Kollegen zum Thema Vertrieb verhindert somit Erfolgsaussichten buchstäblich. Unser Leitmotiv war und ist es noch: Wer in der Zeitarbeit ein guter Personaler sein möchte, muss ein sehr guter Vertriebler sein. Beherrschen und wenden Sie 80 % der Vertriebsbasics an, sind Sie zu 100 % Professional. Vertrieb ist durchaus erlernbar, wenn generell die Einstellung dazu stimmt. Zu den wichtigsten Vertriebsgrundlagen gehören Frage- und Argumentationstechniken sowie Einwandbehandlungen. In diesem Kapitel geht es daher um Vertriebstechniken, die sich jeder Verkäufer durch Fleiß und Training aneignen kann.

Um Erfolg im Vertrieb zu haben, muss man kein Vertriebstalent sein, denn qualitätsvolles vertriebsorientiertes Vorgehen ist erlernbar. Dazu gehören grundlegende Fähigkeiten, die Sie mitbringen sollten, und weitere Kompetenzen, die Sie sich mit konsequentem Training aneignen können:

- Vorbereitung auf die Kunden- und Bewerbergespräche
- Bestandskundenpflege
- Kontaktkettendenken
- Einwandbehandlung
- Kaufsignale und Kaufmotive erkennen

© Springer Fachmedien Wiesbaden GmbH, ein Teil von Springer Nature 2021   11
N. Truchseß, M. Brandl, *Zeitarbeit erfolgreich verkaufen*,
https://doi.org/10.1007/978-3-658-33640-0_2

- richtiges Fragen und Argumentieren
- sowie die optimale Abschlusstechnik von Gesprächen

In Kap. 2.1. erhalten Sie einen Überblick über die persönlichen Eigenschaften, die den Erfolg und die Freude am Vertrieb positiv unterstützen.

2.1   Was zeichnet ein Vertriebstalent aus?

Gerade in der Personaldienstleistung passiert es häufig, dass die persönliche Einstellung eines Mitarbeiters zum Thema Vertrieb seine Erfolgsaussichten buchstäblich verhindert, da Personalarbeit auf Vertriebsarbeit trifft, also eine sozial ausgerichtete Tätigkeit auf eine betriebswirtschaftliche.

Noch mal unser Leitmotiv: Wer in der Zeitarbeit ein guter Personaler sein möchte, muss ein sehr guter Vertriebler sein. Je mehr attraktive Stellen Sie Ihren Bewerbern anbieten können und je detailliertere Informationen Sie über die Rahmenbedingungen haben, desto interessanter sind Sie für Ihre Kandidaten. Darüber hinaus kommen Sie betriebswirtschaftlich weniger unter Druck und können Ihren sozialen Ansprüchen gegenüber dem Mitarbeiter besser gerecht werden.

Dass das nicht immer leicht ist, zeigt folgendes Beispiel aus der Praxis, das wir während vieler Situationen in Live-Coachings bei Kunden erlebten:

| *Klient:* | „Frau Truchseß, bei dieser Firma müssen wir gar nicht anrufen, ich weiß sowieso, was der Ansprechpartner zu mir sagen wird." |

Weshalb macht es in diesem Fall wirklich wenig Sinn, mit diesem Glaubenssatz im Hinterkopf den Interessenten anzurufen? Weil wir während des Telefonates alles dafür tun werden, dass genau diese negative Prophezeiung eintreten wird. Unsere Gedanken beeinflussen immer unser Handeln. Also gilt es, diese Blockade aufzulösen und positiv zu formulieren „Ich bin gespannt, wie der Kunde heute auf meinen Anruf reagiert, und ich bin mir sicher, ich bekomme mein Erfolgserlebnis."

Erfolg beginnt im Kopf
Ein Vertriebstalent besitzt die Fähigkeit, negative Erwartungen zumindest in neutrale, wenn nicht sogar in positive zu verwandeln. Bereiten Sie sich gründlich auf Ihre Akquisetermine vor und lassen Sie sich von Misserfolgen nicht gleich entmutigen – auch Profis haben sie. Analysieren Sie Ihre Gespräche und verbessern Sie diese permanent. Schritt für Schritt werden Sie es dann „können" und eine neue Erwartungshaltung an sich selbst entwickeln.

Wenn Sie nicht selbst davon überzeugt sind, dass Sie ein gutes Produkt bzw. eine gute Dienstleistung anbieten, werden Sie nicht erfolgreich sein. Auch hier funktioniert die „negative Gedankenschleife", auch Bestätigungsfehler genannt.

Ihr Ziel ist es doch, Ihre zwei Klienten (das Kundenunternehmen und Ihren Mitarbeiter/Bewerber) zufriedenzustellen, das heißt für beide die optimale Lösung zu finden. Dabei geht es nicht darum, „einem Eskimo einen Kühlschrank zu verkaufen", sondern eine echte Partnerschaft zu entwickeln. Und das können Sie nur, wenn Sie von Ihrer Dienstleistung überzeugt sind und auch alle jeweils unternehmensspezifischen Vor- und Nachteile verinnerlicht haben. Das hilft Ihnen insbesondere bei der Abgrenzung zu Ihren Mitbewerbern. Die gesetzlichen Veränderungen bringen es mit sich, dass Sie eine absolut vergleichbare und ersetzbare Dienstleistung anbieten. Erschwerend hinzu kommt der noch weiter zunehmende Arbeitskräftemangel.

Daher müssen Sie verstärkt den Bewerber, den Mitarbeiter, in den Mittelpunkt Ihres Schaffens stellen. Sie sollten beide Parteien kennen und wissen, welchen Mehrwert Sie bieten müssen, um sie langfristig für sich zu gewinnen und vor allem zu binden.

Ein erfolgreicher Verkäufer sollte, außer seiner Einstellung und seiner Überzeugung

- Neugierde,
- Offenheit für Neues,
- ein gutes Reflexionsvermögen und
- ein ehrliches Interesse

für andere mitbringen. Mit diesen Eigenschaften fällt es Ihnen leichter, die richtigen Fragen zu stellen, gut zuzuhören und sich stetig in der Kommunikation zu verbessern.

Es hält sich das Gerücht, dass ein guter Verkäufer vor allem viel reden muss. Da Sie in erster Linie den Kunden überzeugen und nicht überreden sollen, entscheiden vor allem die Qualität Ihrer Fragen und Ihr Vermögen, dem Kunden auch gut zuzuhören. Ihr Gesprächsanteil liegt daher optimal bei 20 % und nicht bei 80 %.

Einstellung, Überzeugung, Neugierde, Interesse für andere, Empathie, sich selbst mögen, offen und lösungsorientiert sein – all diese vorhandenen Eigenschaften können Sie bei sich fördern.

Alle anderen Kompetenzen, die Sie im Vertrieb benötigen, können Sie erlernen. Und zwar hier!

2.2   Vertriebsvorbereitung

Die Vertriebstätigkeiten in der Zeitarbeit unterscheiden sich nur geringfügig von denen anderer Branchen. Überall gibt es Anforderungen, die kaum oder nicht zu bewältigen sind. Eine völlig unrealistische Erwartung erlebten wir einmal bei einem Geschäftsführer, der seine Vertriebler anwies, 100 Akquisetelefonate pro Tag zu führen. Unserer Erfahrung nach ist es für einen Personalberater nicht möglich, 100 qualitativ anspruchsvolle Telefonate pro Tag neben den anderen Tätigkeiten zu führen. Und es ist auch nicht empfehlenswert. Doch im Normalfall sollten etwa 20–40 Akquisetelefonate pro Woche und Disponent bei einer gut entwickelten Niederlassung möglich und auch ausreichend sein. Regelmäßige Akquise und auch eine gewisse Menge an anderen vertrieblichen Aktivitäten gehören nun einmal dazu.

Für den langfristigen Vertriebserfolg ist jedoch nicht die Menge, sondern die Qualität der Telefonate entscheidend. Um dies zu erreichen, sind gründliche Vorbereitung, richtige Durchführung und eine konsequente Nachbereitung der Gespräche mehr wert als 100 nachlässig geführte Telefonate. „Kunst kommt von Können": Nur wer sich dessen bewusst ist, wird sich stetig weiterbilden und seine Fähigkeiten entsprechend entwickeln. Unter massivem Zeit- und Erfolgsdruck ist das nicht möglich.

Vielleicht können Sie sich noch an Ihren ersten Arbeitstag in der Personaldienstleistung erinnern? Möglicherweise haben Sie gedacht: „Das lerne ich nie." Die Aufgabenstellung als Personaldisponent ist sehr komplex, verantwortungsreich und oft unvorhersehbar. Daher gilt es, für feste und beständige Rahmenbedingungen zu sorgen. Wer sich gut vorbereitet, ist selbstbewusst und strahlt Sicherheit aus. Das sind zwei entscheidende Faktoren, um von unseren Kunden positiv und nachhaltig wahrgenommen zu werden.

2.2.1   Der richtige Zeitpunkt für die Akquise

Die fünf Feinde des Vertriebs sind der Montag, Dienstag, Mittwoch, Donnerstag und der Freitag. Kein Tag scheint für Akquisetätigkeiten wirklich zu passen. Deshalb findet Akquise vielfach nur als Aufgabe zwischendurch statt. Allerdings verhindern fast täglich unerwartete Ereignisse eine strategisch geplante Akquise, wenn man den Zeitpunkt dem Zufall überlässt. Wir empfehlen deshalb eine strukturierte Vorgehensweise, unter Abschn. 2.2.2 beschrieben.

Legen Sie bestimmte Wochentage fest, um Ihre Vertriebstätigkeiten zu planen und durchzuführen. Sorgen Sie in diesen Zeiträumen für eine entsprechende Vertretung, die Ihnen den Rücken freihält. Denn ständige Unterbrechungen lenken ab und kosten wertvolle Zeit.

Wenn Sie Ihre Vertriebstage exakt planen und festlegen, haben Sie und Ihr Team Klarheit und jeder kann sich darauf einstellen. Bei einer gut durchdachten Planung sollte eine gegenseitige Vertretung für ca. vier Stunden pro Tag möglich sein. Der Fokus ist entscheidend.

2.2.2   Voraussetzungen für einen erfolgreichen Vertriebstag

Vor der eigentlichen Akquise sollten Sie unbedingt eine telefonische Informationsrecherche durchführen. Finden Sie heraus, wer Ihr Ansprechpartner ist und welche Themen diese Firma beschäftigen könnten. Werfen Sie einen kurzen Blick auf die Internetseite des potenziellen Neukunden. Diese Informationen verschaffen Ihnen Vorteile bei der Argumentation und erleichtern Ihnen den Einstieg ins Gespräch. Zudem laufen Sie nicht Gefahr, den falschen Entscheidungsträger anzusprechen. So arbeiten Sie von Anfang an effektiver und erfolgreicher bei der Terminvereinbarung.

Akquisevorbereitung

1. Pflegen und nutzen Sie Ihre CRM Software, sowohl für die Vertriebsvor- wie auch für die Vertriebsnachbereitung. Sie sparen Zeit und erhalten bessere Ergebnisse, wenn Sie die Daten von Anfang an sorgfältig und zeitnah pflegen. Denn auf diese Weise erhalten Sie später folgende Informationen:
   - Kundenselektion (Welche Kunden möchte ich ansprechen?)
   - Zeitpunkt des letzten Kontaktes
   - wichtige Informationen bezüglich der benötigen Qualifikationen und auch bereits getätigten Überlassungen
   - letzte Vereinbarung mit dem Kunden
   - Anzahl und Art der Angebote und Bewerberunterlagen
   - Infos über den Ansprechpartner u. v. m.

2. Drucken Sie sich die Daten aus und nehmen Sie diese an den Besuchstagen mit, um alle Daten zur Verfügung zu haben. Legen Sie eine Reiseroute fest und entscheiden Sie einen Tag vor Ihrem Außendiensttag, in welcher Reihenfolge Sie zu den Kunden fahren möchten. Vermeiden Sie Sternfahrten und überprüfen Sie Anfahrtsweg und Stadtplan (selbst wenn Sie ein Navigationssystem haben). Erkundigen Sie sich vorab nach Parkmöglichkeiten, damit Sie bei der Anreise nicht während der letzten Minuten unter Druck geraten. Planen Sie entsprechende Zeitverzögerungen durch Stau oder Suchzeiten ein. Denken Sie immer daran, dass der erste Eindruck beim Kunden zählt. Wenn Sie abgehetzt und nervös zum Ersttermin erscheinen, wirken Sie unprofessionell und wenig strukturiert.

3. Informieren Sie sich ausführlich, ob es aktuelle Stellenanzeigen des Zielkunden im Internet oder in der Zeitung gibt – unabhängig davon, ob Sie aktiv einen Bewerber/Mitarbeiter vorschlagen können oder erst danach suchen müssen. Die Vorgehensweise der aktiven Platzierung von Bewerbern und Mitarbeitern wird unter Abschn. 5.2 genau beschrieben.

4. Nehmen Sie Profile zum Kunden mit, denn die aktive Platzierung von Kandidaten wird künftig einen immer größeren Stellenwert bei den Akquisetätigkeiten einnehmen. Aufgrund des Fachkräftemangels und der niedrigen Arbeitslosenquote in Deutschland müssen wir in der Lage sein, für Bewerber und Mitarbeiter gezielt Aufträge zu gewinnen. Darüber hinaus ist dies die schnellste Form der Neukundengewinnung.

5. Informieren Sie sich über die Branche des potenziellen Neukunden.

6. Sammeln Sie Informationen über das Unternehmen. Wie sieht die mögliche Kundenstruktur des Kunden aus? Wo arbeiten dann meine Mitarbeiter? Nutzen Sie das Internet. Gibt es aktuelle Veränderungen im Unternehmen? Standort- oder Führungswechsel? Überlegen Sie sich dabei immer, wie sich diese Information auf Ihre Rolle und Ihren Mehrwert auswirken kann.

7. Finden Sie heraus, wer im Kundenunternehmen Ansprechpartner und wer möglicherweise Entscheider ist. Gerade dieser Punkt wird oft zu wenig berücksichtigt! Die Personaldienstleistungsbranche hat sehr viele in ihrer Aufgabe unterschiedliche Bezugspersonen. Wer von Ihren Ansprechpartnern ist der Entscheider, wer der Beeinflusser, formell und informell betrachtet? Welche Funktion und welches Hauptinteresse hat Ihr Ansprechpartner? Sie müssen sich vorab diese Fragen stellen, um

genau zu wissen, wie und womit Sie Ihren Ansprechpartner überzeugen können. Bei wem und in welcher Form/Sprache müssen Sie das entscheidende Argument formulieren? Recherchieren Sie bitte auch in den sozialen Medien und in den großen Business-Plattformen wie XING und LinkedIn, dazu später mehr.

8. Verschaffen Sie sich Klarheit über das Ziel Ihres Gesprächs. Will ich einen Termin oder benötige ich im ersten Schritt erst einmal Informationen, um den Interessenten kategorisieren zu können? Welche Informationen brauche ich? Welche Fragen muss ich dazu stellen, um das Ziel meines Gespräches erfüllen zu können?

9. Wählen Sie Give-aways und die benötigten Unterlagen aus. Bitte bedenken Sie dabei, dass auch Ihre Zeit einen Wert hat und der Kunde von Ihnen nicht erwartet, dass Sie ihn mit Werbemitteln überschütten. Im ersten Termin sind Ihre Visitenkarte und vor allem Ihr Erscheinen vollkommen ausreichend. Weitere interessante Informationen gibt es in Abschn. 5.1 mit dem „6-in-8-Konzept".

10. Entscheiden Sie, welche Kundenbroschüren Sie mitnehmen? Kundenbroschüren sind teuer und sollten nicht in Massen verteilt werden. Bitte stellen Sie daher sicher, ob der Ansprechpartner wirklich Interesse daran hat. Ist die Besuchsmappe aktuell (Inhalte, wie zum Beispiel Visitenkarten überprüfen)?

11. Machen Sie sich Gedanken darüber, welchen Mehrwert oder welches Alleinstellungsmerkmal Sie Ihrem Gesprächspartner anbieten können (Service- und Dienstleistungsgedanke!). Was außer der Zeitarbeit könnte für ihn bzw. das Unternehmen noch von Interesse sein? Rechtlich korrekt durchgeführte Werk- und Dienstleistungsverträge können für beide Seiten durchaus attraktiv sein. Voraussetzung dafür sind eine hohe Fachkompetenz in Ihrem Hause und die rechtlichen Rahmenbedingungen beim Kunden vor Ort.

12. Überlegen Sie, welche Einwände der Kunde bringen könnte. Wie möchten Sie darauf reagieren? Begegnen Sie Einwänden von Kunden positiv, es können durchaus Kaufsignale sein. Der Kunde stellt sich in diesem Moment eine Zusammenarbeit vor. Prüfen Sie mit professionellen Fragen genau, ob es sich tatsächlich um einen Einwand oder um einen Vorwand handelt. Dabei hilft Ihnen Abschn. 2.7.

Sie werden sehen, wenn Sie so vorbereitet beim Kunden anrufen oder den Besuchstermin wahrnehmen, fühlen Sie sich im Thema und in Ihrer Argumentation sicherer. Das erhöht Ihre Erfolgsaussichten. Zur Vertriebsvorbereitung gehört auch das sich Bewusst machen von Kaufmotiven und deren Bedeutung für den erfolgreichen Abschluss.

2.3   Kaufmotive

2.3.1   Warum kaufen Kunden?

Menschen kaufen, um Bedürfnisse zu befriedigen. Wir kaufen ein Auto, um mobil zu sein, wir gönnen uns einen Urlaub, um zu entspannen. Wir lernen, um besser zu werden oder aus Interesse an Neuem. Wir kaufen etwas, weil wir es dringend benötigen oder um uns selbst zu belohnen. Die moderne Hirnforschung hat festgestellt, dass wir mindestens zu 70 % emotional entscheiden und anschließend den Kauf, die Anschaffung, also unser Verhalten rational erklären. Auf die verbleibenden 30 % haben wir kaum Einfluss. Jedoch gibt es jedes Mal ein Motiv, das unsere Emotionen beeinflusst und somit unser Handeln auslöst. Je stärker das Motiv ausgeprägt ist und die damit verbundene Wertvorstellung, desto einfacher und schneller fällt die Entscheidung für oder gegen einen Kauf. Aber wie entsteht dieses Motiv? Woher kommt es und zu welchem Zeitpunkt? Was ist der „Beweggrund" für unser Handeln?

Auch Ihre Kunden haben eines oder mehrere Motive, die sie veranlassen, Ihre Hilfe in Anspruch zu nehmen. Das ist nachvollziehbar, denn die Vorteile der Zeitarbeit liegen für uns auf der Hand und wir glauben, genau zu wissen, warum unser Kunde Zeitarbeit nutzen möchte. Doch kennen wir die (Beweg-)Gründe wirklich oder vermuten wir nur zu wissen, warum ein Kunde unsere Dienste in Anspruch nehmen möchte?

Ein seriöser Vertrieb argumentiert und verkauft bedarfsgerecht (motivgerecht). Auf dieser Erfahrung basieren letztlich langjährige und treue Kundenbeziehungen – ein Zustand, den sich alle Beteiligten wünschen. Die Zeiten, in denen man mit Tricks und Drückermethoden der Kundschaft etwas „aufschwatzen" kann und will, sind längst vorbei. Es ist also für Ihren Vertriebserfolg entscheidend, dass Sie die Kaufmotive Ihrer Kunden eindeutig kennen und klar benennen können und Ihre Argumentation darauf aufbauen. Damit helfen Sie Ihrem Kunden, eine klare Entscheidung zu treffen. Wer die Motive seiner Kunden nicht kennt, argumentiert möglicherweise völlig falsch und an dessen Motiven vorbei. Am Ende wundert man sich dann, warum eine Verhandlung, ein Gespräch oder ein Abschluss nicht funktioniert oder der Kunde sich für einen Wettbewerber entschieden hat.

Wenn ein Verkauf nicht zustande kommt oder ein Auftrag verloren geht, wird dies häufig mit „Unser Wettbewerber hat günstiger angeboten" erklärt oder entschuldigt. Diese pauschale Aussage trifft allerdings nur in den wenigsten Fällen zu. Der Preis ist in den meisten Fällen nicht entscheidend, denn Kunden möchten ihre „Kaufmotive befriedigen", sich mit einer Kaufentscheidung entsprechend ihrer Wünsche, Werte und Vorstellungen „belohnen"! Und dabei wohl fühlen.

Somit stellen sich drei Fragen:

• Was sind Kaufmotive?
• Wie erfahre ich diese und wann?
• Wie nutze ich diese Erkenntnisse argumentativ im Verkauf?

2.3.2 Was sind Kaufmotive?

Es gibt sieben grundsätzliche Kaufmotive der Menschheit, branchenunabhängig und mit großer Wahrscheinlichkeit weltweit verbreitet. Folgende Auflistung finden Sie immer wieder in der Fachliteratur aus der Verhaltensforschung:

1. Kaufmotiv Sicherheit
2. Kaufmotiv Wirtschaftlichkeit
3. Kaufmotiv Prestige
4. Kaufmotiv Soziale Gründe
5. Kaufmotiv Gesundheit/Umweltbewusstsein
6. Kaufmotiv Bequemlichkeit
7. Kaufmotiv Interesse an Neuem

Wie und in welcher Form finden Sie diese grundsätzlichen Motive im Kauf- oder Entscheidungsverhalten Ihrer Kunden wieder? Sehen wir uns die einzelnen Punkte genauer an.

Sicherheit

Das Motiv Sicherheit spielt eine zentrale Rolle, damit werden weltweit Milliarden verdient – angefangen bei allen staatlichen Sicherheitsinstitutionen, die für den Schutz der eigenen Bevölkerung sorgen, bis hin zu Airbags, Alarmanlagen, Personenschutz oder Feuermeldern. Auch in unserer beruflichen und privaten Planung wünschen wir uns Sicherheit, denn wir schützen uns und unser soziales und berufliches Umfeld instinktiv. Wir investieren viel Geld in Absicherungen wie zum Beispiel Haftpflicht-, Unfall- und Lebensversicherungen. Und einem Unternehmer sind die eigenen Mitarbeiter, das eigene Unternehmen und die damit verbundene finanzielle Sicherheit in der Regel sehr wichtig und dementsprechend viel Geld wert.

Abgeleitet auf die Zeitarbeit, kommt das Motiv Sicherheit bei Ihren Kunden vor in:

- der Absicherung der eigenen Arbeitsplätze (Schutz der Stammbelegschaft in Krisenzeiten).
- der Sicherung geplanter Umsätze und Großaufträge (Auftragsspitzen).
- der Bindung der eigenen Kunden.
- der sicheren Zufriedenstellung der Kunden.
- der termingerechten Fertigstellung/Lieferung/Erledigung (sicher ein Zeitfenster halten).
- dem sicheren Gefühl, entscheidende Schlüsselpositionen besetzt zu haben.
- Rechtssicherheit im Allgemeinen.

Wirtschaftlichkeit

Prozesse in Unternehmen müssen wirtschaftlich sein, um langfristig konkurrenzfähig zu bleiben. Die komplette Marktwirtschaft fußt auf dem Motiv der Wirtschaftlichkeit. Wir wollen Geld verdienen, Fehlinvestitionen vermeiden, Geld sparen, effizient sein und vieles mehr. Prozesse in Unternehmen müssen wirtschaftlich sein, um langfristig konkurrenzfähig zu bleiben. Menschen müssen wirtschaftlich handeln, wollen sie mit den zur Verfügung stehenden Mitteln ein entsprechendes Leben führen, und wirtschaftliches Handeln führt auf Dauer zu einer Notsituation.

In der Personaldienstleistung begegnen wir diesem Motiv überall:

- Zusätzliche Probezeit: Dadurch vermeiden Sie Fehlinvestitionen in „falsches" Personal.
- Zusätzliche Aufträge, die mit dem eigenen Personal nicht abgedeckt werden können, sind für die Kunden dank Zeitarbeit machbar. Dadurch ist eine Umsatzsteigerung möglich.
- Das Arbeitgeberrisiko und die damit verbundenen Kosten werden ausgelagert.
- Der Kunde zahlt nur die tatsächlich geleisteten Stunden. Dadurch werden Frei- und Fehlzeiten vermieden.
- Zeitarbeit ist insgesamt deutlich wirtschaftlicher als vergleichbare Festanstellungen.
- Der Kunde zahlt meist nur bei Erfolg. Das bedeutet, dass teure und zeitaufwendige Vorarbeiten vom Zeitarbeitsunternehmen getragen werden.

Prestige

Prestige als Kaufmotiv erhält seit einigen Jahren immer mehr eine größere Bedeutung: Luxusmarken liegen im Trend und den anbietenden Unternehmen geht es sogar in Krisenzeiten erstaunlich gut. Probleme haben hingegen die Anbieter von Billigmarken, was zum Beispiel bei bestimmten Baumarkt- oder Restaurantketten in jüngster Vergangenheit zu beobachten war. Menschen stehen auf Status und auch das eigene Prestige gegenüber Freunden, Bekannten, Kollegen ist wichtig. Ein hoher Preis wird akzeptiert, wenn Marke, Qualität, Service und Status des Produkts bzw. der Dienstleistung stimmen.

Wie verhält es sich nun mit dem Kaufmotiv Prestige in der Personaldienstleistung?

- Manche Konzerne und Unternehmen fühlen sich grundsätzlich eher zu marktführenden Dienstleistern hingezogen, denn der Erfolg muss ja seinen Grund haben.
- Das bedeutet nicht, dass ein Personaldienstleister bundesweiter Marktführer sein muss. Auch der regionale „Platzhirsch" bzw. der regionale Qualitätsführer ist oftmals Argument genug für eine Kaufentscheidung.
- Für viele Unternehmen wird das eigene Prestige, die eigene Attraktivität als Arbeitgeber bzw. als Arbeitgebermarke immer wichtiger, dazu gehört auch ein Personaldienstleister mit ausgezeichnetem Ruf und fairen Konditionen.
- Fokus-Auszeichnungen wie „TOP Arbeitgeber" oder kununu-Bewertungen spielen bei der Entscheidungsfindung, auch auf dem Bewerbermarkt, eine immer größere Rolle.
- Hochpreisige Dienstleister werden oft gleichgesetzt mit „Profis", „Spezialisten" oder „Premiumanbieter".

Soziale Gründe/Gesundheit/Umwelt

Auch aus sozialen Gründen und mit den Kaufmotiven Gesundheit und Umwelt werden Milliarden verdient: im Gesundheitswesen, in der Ernährungsindustrie, im Sport, bei umweltfreundlichen Technologien, bei Partnerbörsen oder gesellschaftliche Events. Diese Motive finden sich in der Zeitarbeit beispielsweise in Form von:

- Arbeitssicherheit
- Gesundheitsvorsorge
- Dem Wunsch nach fairer und korrekter Mitarbeiter Bezahlung und Behandlung.
- Der Integration der Zeitarbeitskräfte in das Team der Stammbelegschaft.
- Dem Zugang zu sämtlichen Sozialeinrichtungen.

- Oder dem Mitspracherecht/Einfluss der Arbeitnehmervertreter.
- Onboarding-Prozesse
- Weiterbildungsmöglichkeiten für Zeitarbeitskräfte
- Die Gleichstellung der Mitarbeiter mit dem internen Personal
- „Gleicher Lohn für gleiche Arbeit"

Bequemlichkeit

Bequemlichkeit war schon immer ein starkes Kaufmotiv, da Menschen grundsätzlich zu bequemen Verhaltensmustern neigen – mit steigender Tendenz. Anstatt sich in die Fußgängerzone oder in das Einkaufszentrum zu bewegen, wickeln wir unseren Kauf schnell im Internet ab. Die Vorteile liegen auf der Hand: Es ist einfach, die Preise sind mit wenigen Mausklicks optimal vergleichbar, was Geld und Zeit spart. Jede neue Technologie oder Dienstleistung, die diesen Effekt mit sich bringt, wird gerne angenommen. Auch bei Zeitarbeitskunden ist Bequemlichkeit eines der führenden Motive, und zwar aus folgenden Gründen:

- Die Anbieter von Zeitarbeit nehmen dem Kunden die Vorauswahl ab.
- Die Anbieter kümmern sich um die Administration.
- Sie übernehmen die Abrechnung.
- Personaldienstleister sorgen für reibungslose Stellenbesetzungen ohne Ausfallzeiten.
- Die Anbieter von Zeitarbeit haben die Verantwortung für Mitarbeiterführung und Betreuung.
- Die Dienstleister setzen tarifliche und gesetzliche Veränderungen um und halten ihre Kunden auf dem Laufenden.
- Die Anbieter sorgen für Klarheit und Kostentransparenz.
- Sie erarbeiten die Lösung und suchen nach passenden Alternativen.
- Der Kunde kann sich somit auf seine Kernkompetenzen fokussieren.

Und vieles mehr.

Interesse an Neuem

Die technologische Entwicklung unserer Welt wird insbesondere von diesem Motiv vorangetrieben. Gibt es nicht zahlreiche Menschen, die durch ihr Interesse an Neuem, bisher nicht Erforschtem angetrieben werden? Ein Paradebeispiel für den Einfluss dieses Motivs auf das Kaufverhalten ist die Anschaffung eines neuen Handys, obwohl das alte eigentlich noch sehr gut funktioniert. Der neue Pkw wird bestellt, obwohl das derzeitige Auto erst 100 km Laufleistung hat.

Lässt sich dieses Motiv, dieser Beweggrund, auch bei Ihren Kunden erkennen? Sicher:

- Die Dienstleistung „On-Site Management" hatte in den letzten Jahren stetig Zulauf und das Angebot im Rahmen eines Master Vendors EDV-Unterstützung anzubieten und für Rechtssicherheit zu sorgen (das Einhalten der Fristen laut AÜG-Reform).
- Der bisherige Personalpartner macht häufiger kleinere Fehler, es ist an der Zeit mal einen neuen zu testen.
- Neue Rahmenvertragsausschreibungen mit neuen Inhalten.
- Ein Wechsel in der Betreuung.
- Neue Mitarbeiter an neuen Positionen.
- Neue Auswahlverfahren.
- Neue Wege gehen und neue Prozesse im Unternehmen gestalten.

Achten Sie doch zukünftig einmal darauf, wie oft das Wort „neu" bei Ihren Gesprächen fällt.

Wer sich etwas intensiver mit der Welt der Kaufmotive beschäftigt, erkennt schnell, welchen (bewussten und unbewussten) Einfluss diese auf unser tägliches Handeln haben. Deutlich wird auch, dass Kunden mehrere Motive aus unterschiedlichen Kategorien haben können. Alle Kaufgründe im Vorfeld zu erahnen oder als bekannt vorauszusetzen, ist also praktisch unmöglich. Genau dieser Irrtum schleicht sich aber häufig ein, und wir meinen zu wissen, was unsere Kunden wünschen, ohne genau danach zu fragen. Womit wir bei der nächsten Frage wären: Wie und zu welchem Zeitpunkt im Vertriebsprozess erfahren wir die Kaufmotive unserer Kunden? Antwort: Immer! Kaufmotive ändern sich auch von Zeit zu Zeit, weshalb man diese auch bei Stammkunden immer wieder überprüfen und hinterfragen sollte. Klar ist auch, dass die richtige Fragetechnik zum Einsatz kommen muss und die passenden Motivfragen gestellt werden müssen.

Mit dem Thema „Fragetechnik" beschäftigen wir uns noch ausführlicher in Abschn. 2.6. An dieser Stelle sei zunächst auf die klassisch offen formulierten Motivfragen verwiesen:

- Worauf legen Sie beim Thema Zeitarbeit besonderen Wert?
- Was ist Ihnen bei unserer zukünftigen Zusammenarbeit besonders wichtig?
- Was zeichnet für Sie persönlich einen guten Personaldienstleister aus?
- Aus welchen Gründen haben Sie sich ursprünglich für den Einsatz von Zeitarbeit in Ihrem Hause entschieden?

- Abgesehen von der aktuellen Vakanz, was halten Sie persönlich von Zeitarbeit?
- Welches Instrument ist Ihnen persönlich lieber: AÜG oder Personalvermittlung?
- Was außer dem Preis ist für Sie noch entscheidend?

Die Kenntnis der Kaufmotive und deren Bedeutung stellt im Verkauf die Basis einer seriösen und bedarfsgerechten Beratung dar. Sie ist das Fundament für vertrauensvolle, partnerschaftliche und langfristige Beziehungen mit Ihren Kunden und Ansprechpartnern und somit aus unserer Erfahrung einer der wichtigsten Vertriebstipps überhaupt. Bauen Sie ein bis zwei Fragen aus der oberen Liste immer in Ihre Gespräche ein und Sie werden erstaunlich positive Erfahrungen machen.

Wie Sie dieses Wissen in Ihren Gesprächen abschlussorientiert anwenden können, erfahren Sie in Abschn. 2.10.

2.4   Das Telefonieren: Strategische Tipps

Gerade die Personaldienstleistung investiert viel Zeit und Geld, um Kunden für sich zu gewinnen. Wie bereits erwähnt, wird bei der Akquise jedoch häufig mehr auf Quantität als auf Qualität geachtet. Unserer Erfahrung nach liegt es zum Teil daran, dass die Mitarbeiter zu wenig geschult sind und oft ins „kalte Wasser geworfen" werden. Darüber hinaus zielt Telefonakquise oft darauf ab, kurzfristig den Bedarf zu decken und Umsatz zu generieren. Beides verhindert gut geführte Telefonate. Meistens ist nach zwei Sätzen das Gespräch beendet, was dann so aussehen würde:

Beispiel

| PD: | „Haben Sie aktuell Bedarf?" |
| Kunde: | „Nein." |

Mit dieser Frage ernten Sie garantiert einen Misserfolg. Überlegen Sie an dieser Stelle einmal, wie Sie sich auf angenehme Art und Weise vom Wettbewerb unterscheiden können. ◄

Akquise sollte Freude bereiten. Und damit Ihnen dies Schritt für Schritt gelingt, beachten Sie bei telefonischen Akquisetätigkeiten immer diesen Grundsatz:

▶   Trennen Sie das Recherchegespräch vom eigentlichen Akquisegespräch!

2.4.1   Recherchegespräche

Recherchegespräche dienen dem Zweck, den richtigen Ansprechpartner zu identifizieren. Fragen Sie nach dem verantwortlichen Entscheider für das Thema Zeitarbeit in dem Unternehmen. Allerdings sollten Sie es tunlichst vermeiden, nach dem Personalentscheider zu fragen, denn nicht immer haben Sie es hier mit ein- und derselben Person zu tun.

▶   Bei Akquisetelefonaten erleben wir es häufig, dass das Wort „Zeit-
    arbeit" bei der Suche nach dem richtigen Ansprechpartner ver-
    mieden wird, man als Folge dessen mit der falschen Person ver-
    bunden wird und dadurch wertvolle Zeit verloren geht. Sie arbeiten
    doch für ein Zeitarbeits- bzw. Personaldienstleistungsunternehmen,
    also sagen Sie es auch! Die Praxis zeigt, dass gerade Empfangsmit-
    arbeiter mit dem Begriff Zeitarbeit am besten umgehen können
    und sichergestellt ist, dass Sie beide dasselbe meinen. Wenn man
    Ihnen dann einen Namen nennt, wissen Sie automatisch, dass das
    Unternehmen auf externe Personaldienstleister zurückgreift.

Die Bewältigung des kompletten Akquiseverlaufs am Telefon an einem Stück fällt vielen Personaldisponenten am Anfang schwer: Im ersten Schritt möchten Sie den richtigen Ansprechpartner herausfinden und während Sie verbunden werden, müssen Sie schon Ihren Gesprächseinstieg im Kopf haben. Daher die dringende Empfehlung, von Beginn an herauszufinden, mit wem Sie sprechen, damit Ihnen nicht Folgendes passiert:

Beispiel

PD:	„Guten Tag, mein Name ist … von der Firma … Zeitarbeit. Ich möchte gerne den Personalentscheider in Ihrem Hause sprechen."
Empfang:	„Gerne, ich verbinde."
Ansprechpartner:	„Müller, guten Tag."
PD:	„Guten Tag, mein Name ist … von der Zeitarbeit … Eigentlich wollte ich den Personalentscheider sprechen. Bin ich da bei Ihnen richtig?"

◀

In diesem Fall wissen Sie nicht, wer Herr Müller ist. Handelt es sich um den richtigen Ansprechpartner oder um einen Vertreter? Sind Sie mit der Personalabteilung oder mit dem Einkauf verbunden? Alle diese Unsicherheiten nimmt Ihr Gesprächspartner möglicherweise nur unbewusst wahr und Sie erwecken den Eindruck, dass Sie nicht gut vorbereitet sind. Mangelnde Vorbereitung wird in der Regel emotional negativ bewertet und als nicht wertschätzend empfunden.

Die ersten Sekunden sind entscheidend, daher müssen Sie vorab genau wissen, mit wem Sie sprechen. Wenn Sie entsprechend vorbereitet sind, können Sie dann direkt den Entscheider anrufen bzw. sich mit ihm verbinden lassen.

Wenn Sie die Durchwahlnummern Ihrer Kunden kennen, ist das von Vorteil, es ist jedoch nicht die alleinige Voraussetzung, damit ein Recherchetelefonat erfolgreich verläuft. Der Name, der Vorname, die Position der Person im Unternehmen und die damit verbundene Aufgabenstellung sind die wichtigen Fakten.

Anregungen für Recherchetelefonate finden Sie in der „Checkliste für Recherchetelefonate am Empfang". Eine wichtige Informationsbasis für diese Gespräche bieten Ihnen das Business-Netzwerk www.xing.com, die Internetseiten der Unternehmen und auch die Stellenanzeigen. Am effektivsten ist es, wenn Sie direkt im Unternehmen anrufen und über den Empfang nach dem „verantwortlichen Entscheider für Zeitarbeit" fragen. Das Schlüsselwort ist hier „verantwortlich", denn in der Zeitarbeit hat man meist viele mögliche Ansprechpartner (Empfang, Lagerleiter, Betriebsleiter, Geschäftsführer usw.). Das bedeutet, dass zwar viele zuständig sind, aber meisten nur eine Person verantwortlich ist.

Ausschlaggebend für den Erfolg und die Effizienz der Akquisetelefonate ist es jedoch, als erstes mit dem verantwortlichen Entscheider ein Gespräch zu führen. Die Erfahrung zeigt, dass die Kontaktaufnahme mit dem falschen Ansprechpartner den Akquiseerfolg nicht nur verzögert, sondern sogar verhindert. Das hat zur Folge, dass falsche Personen in der EDV hinterlegt sind, die Namen oft falsch geschrieben sind und später nicht mehr aktuell gehalten oder recherchiert werden.

Werfen wir einen Blick auf eine andere Situation:

Beispiel

PD:	„Guten Tag, mein Name ist ... von der Firma ... Zeitarbeit. Wer ist bei Ihnen zuständig für Personal?"
Empfang:	„Einen kleinen Moment, bitte."
Verbundene:	„Max Müller, guten Tag."
PD:	„Oh, guten Tag. Ich wollte mit dem zuständigen Ansprechpartner für Personal verbunden werden. Bin ich da jetzt richtig?"
Max Müller:	„Ja, das sind Sie. Ich kann Ihnen gleich sagen, dass wir aktuell keinen Bedarf haben."

◄

Was fällt bei diesem Beispiel auf?

- Wenn Sie sofort verbunden werden, wissen Sie im Vorfeld weder den Namen noch die Funktion Ihres Kontaktes.
- Bei der Frage nach dem zuständigen Ansprechpartner für Personal werden Sie mit hoher Wahrscheinlichkeit mit dem Falschen sprechen.
- Sie wirken durch das Nachfragen und Ihr Nichtwissen unsicher und unvorbereitet. Ihr Telefonpartner hört das und wertet diesen Umstand unbewusst negativ. Ihre Chancen auf einen ersten guten Eindruck sinken.

Checkliste für Recherchetelefonate am Empfang

1. Sagen Sie bitte, dass Sie keine Verbindung wünschen. Wenn Sie das nicht tun, werden Sie sofort durchgestellt, ohne zu wissen, wer Ihr Ansprechpartner ist. Bedenken Sie, dass Empfangsmitarbeiter vor allem zwei Aufgaben haben: abblocken und weiterverbinden.
2. Bitten Sie um Hilfe. Das lässt Sie sympathisch wirken, und die Bereitschaft, Ihnen Auskunft zu geben und nicht nach dem Grund Ihres Anrufes zu fragen, steigt.
3. Ersetzen Sie das Wort „zuständig" durch das Wort „verantwortlich".
4. Verwenden Sie den Begriff „Zeitarbeit". In unserer Branche benutzen viele lieber den Begriff Personaldienstleistung, allerdings laufen Sie in diesem Fall Gefahr, dass nachgefragt wird oder der falsche Ansprechpartner genannt wird.
5. Lassen Sie sich nicht nur den Nachnamen, sondern auch den Vornamen nennen. Die Frage nach Max Müller wirkt persönlicher als nach Herrn Müller. Sie gelangen so schneller zu Ihrem Kontakt, denn es wird davon ausgegangen, dass Sie sich bereits kennen.
6. Wenn Ihr Ansprechpartner eine leitende Funktion hat, fragen Sie bitte nach dem Namen der Assistentin und am besten auch gleich nach seinem Stellvertreter. Falls die Sekretärin Ihren Anruf entgegennimmt und Sie den Namen kennen, wirken Sie sicherer und souveräner.
7. Fragen Sie nach der Erreichbarkeit Ihres Ansprechpartners. Einige Ihrer Kunden sind halbtags oder in Schicht tätig.

▶ **Noch ein Tipp** In den Inseraten/Stellenanzeigen werden oft Kontakt-
personen genannt, die für Festanstellungen, für das Recruiting im Unternehmen verantwortlich sind. Informieren Sie sich vorab, welchen konkreten Verantwortungsbereich diese Person innehat. Eine Zusatzrecherche
über die sozialen Medien bzw. das Internet ist daher empfehlenswert.

Nutzen Sie für Ihre künftigen Vorrecherchen die „Checkliste Recherchetelefonate am Empfang" zur Ermittlung von Ansprechpartnern und Entscheidern:

Beispiel

Recherchetelefonat
„Guten Tag Frau …, mein Name ist …, Firma. Ich möchte im Moment nicht
verbunden werden, sondern bräuchte nur kurz Ihre Hilfe.

1. Wer ist bei Ihnen der verantwortliche Entscheider für den Bereich Zeitarbeit
   (bzw. Festeinstellung)?
2. Wie lautet denn der Vorname?
3. Zu welchem Zeitpunkt kann ich ihn/sie am besten erreichen?
4. Ich habe hier die Durchwahl (zum Beispiel -13), stimmt die noch?
5. Wer vertritt sie/ihn?
6. Wenn ich morgen noch mal anrufe, würden Sie mich dann durchstellen?

Vielen Dank für Ihre Hilfe!"
   Bemerkungen:
   Nachfassen/WV am: ◀

Vor dem Griff zum Telefon sind weitere Überlegungen wichtig, um die Erfolgsaussichten zu erhöhen: Welche genaue Funktion hat der Entscheider im Unternehmen,
welcher Branche gehört das Unternehmen an? Gibt es aktuelle Stellengesuche auf der
Website usw.? Auf diese Punkte gehen wir in den folgenden Kapiteln näher ein.

2.4.2 Das Akquisegespräch

Sie haben alle Punkte der Vorbereitung erfolgreich abgearbeitet. Um sich für Ihren
Ansprechpartner einen individuellen Gesprächseinstieg zu überlegen und dadurch
größtmögliches Interesse zu wecken, bieten sich verschiedene Möglichkeiten an.
Machen Sie sich in dieser Phase bewusst, dass sich Ihr Gesprächspartner nicht alles
merken kann, was Sie sagen, und seine Wahrnehmung selektiv sein wird. Daher ist

es entscheidend, mit positiv besetzten und für ihn interessante Formulierungen in das Gespräch einzusteigen.

Anders ausgedrückt: Es geht darum, dem Kunden den Mehrwert und den Nutzen Ihrer Dienstleistung so gut und überzeugend wie möglich zu vermitteln, damit sein Interesse geweckt wird. Ein Beispiel für Ihren Einstieg könnte Ihre Spezialisierung sein, damit Sie nicht wie ein Generalist wirken. Aufgrund Ihrer Vorrecherche sollten Sie jedoch genau wissen, dass Ihr Ansprechpartner diese Form der Spezialisierung auch wirklich benötigt. Berücksichtigen Sie bei Ihren Überlegungen auch die Funktionen Ihrer Ansprechpartner (s. Abb. 2.1).

Sie sprechen und verhandeln mit Geschäftsführern, Einkäufern, Personalleitern, Personalreferenten, Recruitern, den Fachabteilungen, der Lagerleitung und vielen anderen. Diese Personen unterscheiden sich vor allem in ihrem Aufgabenfeld, in

Abb. 2.1 Mögliche Ansprechpartner in der Personaldienstleistungsbranche

der Sprache/Wortwahl und ihrer Position im Unternehmen. Der Nutzen, der Mehrwert, den Sie als Vertriebsmitarbeiter aufzeigen müssen, ist individuell und abhängig von den Kaufmotiven Ihres Ansprechpartners beim Kunden. Nicht alle Argumente überzeugen alle gleich in diesem Personenkreis. Daher stellen Sie sich in der Vorbereitung die Frage: „Wie kann ich meinen künftigen Kunden unterstützen?" Schließlich wäre es schade, wenn Ihnen dies passiert:

Beispiel

PD:	„Wir sind ein auf gewerblich-technische Fachkräfte spezialisiertes Unternehmen."
Kunde:	„Schade, ich benötige nur kaufmännisches Personal."
PD:	„Kein Problem. Das haben wir auch."

Leider passiert das tatsächlich. Es schadet Ihrem Auftritt, da Sie sich das Vertrauen des Kunden hart erarbeiten müssen und Sie authentisch sein sollen. Beides funktioniert bei dieser Vorgehensweise nicht. Alternativ können Sie natürlich von Beginn an ehrlich den richtigen Einstieg formulieren:

Beispiel

PD:	„Wir sind ein auf die Logistikbranche spezialisiertes Zeitarbeitsunternehmen"

oder:

„Wir sind ein auf Personalvermittlung, Beratung und Outsourcing spezialisiertes Unternehmen …" ◄

Überlegen Sie sich, wie Sie Ihre Zielkunden ansprechen wollen, welche Einstiegsmöglichkeiten zu Ihrem Unternehmen passen und mit welchen Worten Sie welche Wirkung erzielen.

Akquisegespräch
„Guten Tag Frau …, Firma …, mein Name ist … (Vor- und Zuname)

- Kennen Sie die Firma …?
- Oder:
- Können Sie sich an uns/mich noch erinnern?
- Wir haben ein rechtssicheres Beratungskonzept speziell für (Branche des Kunden) entwickelt.

- Wie wichtig ist Ihnen aktuell das Thema Rechtssicherheit in Ihrem Unternehmen?
- Oder:
- Ein Interessantes Thema! Wann können wir uns über die AÜG-Reform austauschen?
- Welche Informationen liegen Ihnen bisher vor? Wo wünschen Sie sich noch mehr Rechtssicherheit?
- Oder:
- Aufhänger: Spezialist
- Wir sind spezialisiert auf die Vermittlung von gewerblich technischem Fachpersonal. Welche Auswirkungen hat der Fachkräftemangel auf Ihr Unternehmen?
- Wie intensiv greifen Sie bei der Rekrutierung auf externe Unterstützung zurück?
- Oder:
- Ist es richtig, dass Sie der verantwortliche Entscheidungsträger für Zeitarbeit in Ihrem Unternehmen sind?
- Oder:
- Ich bin immer auf der Suche nach attraktiven Arbeitsplätzen für meine Mitarbeiter.
- Sie sind einer der größten Arbeitgeber hier in der Region.
- Sie sind mein absoluter Wunschkunde.
- Was muss ich tun, um Sie langfristig als Kunden zu gewinnen?

Oder:

- Ich bin hier Personalberater im Haus und für das Bewerbermanagement verantwortlich. Ich werde von Bewerbern immer wieder danach gefragt, ob wir mit Ihnen zusammenarbeiten. Sehr gerne würde ich einmal mit Ja antworten. Was muss ich dafür tun? Mögliche Kundenreaktionen:
- Keine Zeit: Wann können wir das tun? Wann haben Sie Zeit dafür?
- Kein Bedarf: Aktuell oder generell nicht?
- Kein Interesse: Aus welchen Gründen?

Vielen Dank für Ihre Hilfe!"
Bemerkungen:
Nachfassen/WV am:
Gesprächstermin am:

In Abschn. 5.1 finden Sie noch viele Möglichkeiten, wie Sie strategisch und qualitativ optimal bei der Akquise vorgehen können.

Vorstellung Ihrer Firma
Achten Sie bei der Präsentation Ihres Unternehmens auf positive Assoziationsmöglichkeiten und formulieren Sie diese kurz und prägnant.

Beispiel

„Wir sind ein regionales Personaldienstleistungsunternehmen, spezialisiert auf ...“
Oder:
„Wir sind ein inhabergeführtes Mittelstandsunternehmen, spezialisiert auf ...“ ◄

Überlegen Sie, welche Worte wie von Ihrem jeweiligen Ansprechpartner gewertet werden könnten (was könnte ihn interessieren?) und nennen Sie den Grund Ihres Anrufes. Beispiele:

• Sie sind ein interessantes/wirtschaftlich stabiles Unternehmen.
• Sie bieten attraktive Arbeitsplätze für meine Mitarbeiter.
• Was muss ich tun, damit ich Sie langfristig als Kunden gewinne?

Setzen Sie sich ein Ziel
Ist das Ziel Ihres Telefonats ein persönlicher Besuchstermin, müssen Sie sich kurz fassen, wenige Informationen preisgeben und auf das erste Kaufsignal des potenziellen Kunden achten, sonst werden Sie für den Kunden schnell uninteressant.

Beispiel

PD:	„Guten Tag Firma ... Zeitarbeit. Mein Name ist ... Ihre Kollegin hat mir gesagt, dass Sie die verantwortliche Entscheiderin für Zeitarbeit in Ihrem Hause sind. Ist das richtig?“
Kunde:	„Ja, das ist richtig.“
PD:	„Kennen Sie die Firma ... Zeitarbeit?“
Kunde:	„Nein. Muss ich sie kennen?“
PD:	„Wir sind ein inhabergeführtes Mittelstandsunternehmen, spezialisiert auf den gewerblich technischen Bereich. Ich bin immer auf der Suche nach attraktiven Arbeitsplätzen für unsere qualifizierten Fachkräfte.“
Kunde:	„Haben Sie auch Schweißer?“
Sie:	„Ja, wir haben auch Mitarbeiter mit dieser Qualifikation. Vielen Dank für Ihr Interesse. Gerade bei Facharbeitern macht es Sinn, dass wir uns im Vorfeld die Arbeitsplätze genau anschauen. Wann haben Sie denn Zeit für ein persönliches Gespräch?“

◄

Diese Vorgehensweise empfehlen wir nur dann, wenn Sie wissen, dass der Kunde ein starker Nutzer von Zeitarbeit ist und Ihre Vertriebschance entsprechend hoch ist. Wissen Sie dies nicht, ist das Ziel des Telefonates, Informationen über den Kunden einzuholen, um ihn im Anschluss entsprechend kategorisieren zu können. Wichtigster Punkt dabei ist die Frage nach der Größe des Umsatzpotenzials:

▶   Wie viele Mitarbeiter hatten Sie durchschnittlich letztes Jahr über Zeitarbeit?

▶   **Tipp** Erkundigen Sie sich nach dem Durchschnitt, damit Sie un-abhängig von saisonalen oder anderen wirtschaftlichen Einflüssen ein Gefühl für die Attraktivität des Kunden erhalten. Vermeiden Sie die For-mulierung „derzeit". Das wirkt zu indiskret und die Kunden reagieren hier eher verhalten. „Letztes Jahr" wird positiver gewertet (der Kunde hat weniger das Gefühl, Firmeninterna preiszugeben).

Weitere Beispiele für einen angenehmen Einstieg ins Gespräch:

• Worauf legen Sie bei einer guten Zusammenarbeit Wert?
• Was erwarten Sie von einem Personaldienstleister?
• Welche Qualifikationen setzen Sie ein und in welchen Bereichen?
• Wie viele Zeitarbeitsmitarbeiter haben Sie durchschnittlich im Jahr beschäftigt?
• Wie intensiv nutzen Sie Zeitarbeit als strategisches Instrument?
• Wie lange ist die durchschnittliche Auftragsdauer?
• Wie hoch ist die Übernahmemöglichkeit?

Telefonieren mit Bestandskunden
Wenn Sie einen potenziellen Neukunden nicht für sich gewinnen können, ist das schade und manchmal auch frustrierend. Wenn Sie dagegen einen Bestandskunden verlieren, stellt dies eine mittlere Katastrophe dar und ist zudem meist völlig unnötig.

Ein weitverbreiteter Fehler ist, dass sich Personalberater sehr gewissenhaft mit Anfragen beschäftigen, aber die Pflege der Bestandskunden oder der neu ge-wonnenen Kunden und deren Ansprechpartner vernachlässigen. Der Zeit- und Erfolgsdruck lenken die Konzentration auf andere Bereiche. Immer wieder hören wir in diesem Zusammenhang: „Bestandskunden möchten von uns nicht besucht werden." Andere Erklärungen sind:

• „Das ist einer unserer besten Kunden!"
• „Wenn Herr Müller Bedarf hat, wird er sich bei uns melden."

- „Ich war erst vor kurzem bei der Firma. Alles in Ordnung."
- „Kaffeebesuche bei unseren Bestandskunden sind immer angenehm."

Im ersten Moment wirkt also alles unproblematisch. Wenn sich aber die Wirtschaft rückläufig entwickelt, wie zum Beispiel im Jahr 2020, oder wenn Veränderungen wie die Branchentarifzuschläge und die AÜG-Reform hinzukommen, kann es sein, dass Sie trotz der Kaffeebesuche den Kunden aus den Augen verlieren, wenn Sie folgende Fragen nicht beantworten können:

1. Wie viele Zeitarbeitskräfte beschäftigt der Kunde insgesamt in diesem Jahr oder hatte er im Vorjahr?
2. Mit wie vielen Partnern arbeitet er zusammen?
3. Wen außer diesem Ansprechpartner gibt es noch?
4. Wie lange ist die durchschnittliche Auftragsdauer?
5. Welche Qualifikationen werden über Personaldienstleister angefordert?
6. Gibt es einen separaten Ansprechpartner für Personalvermittlung?
7. Und aktuell:
8. Welche Auswirkungen hat die Corona-Krise auf die Zeitarbeit im Unternehmen?
9. Wie wird „Equal Pay" definiert und ist der Kunde bereit, Auskünfte zu geben?
10. Wie stelle ich es mit dem Kunden gemeinsam sicher, dass der ANÜV vor Auftragsbeginn unterschrieben ist?

Daher sind kontinuierliche Akquisetätigkeiten und das sichere Wissen von Kundeninformationen wichtig, auch und gerade bei den Bestandskunden. Telefonieren oder besuchen Sie sie regelmäßig, um unabhängig der derzeitigen Auftragslage akquisitorisch tätig zu sein und um Klarheit zu schaffen. Es ist nicht selbstverständlich, dass der Kunde Ihr Kunde ist und Sie müssen veränderte Situationen und Wünsche des Ansprechpartners erfassen. Nur so können Sie stetig strategische Kundenbindungsmaßnahmen durchführen und auch potenziellen Neukunden immer wieder ein hohes Maß an Wertschätzung entgegenbringen.

Während der gesetzlichen Veränderungen in der Zeitarbeitsbranche zum 1. April 2017 konnte man erneut sehr gut erkennen, welche Personaldienstleister ihre „Hausaufgaben" gemacht hatten, ihren Markt und ihre Kunden kannten und vor allem aus den Erfahrungen der Branchenzuschläge gelernt hatten.

Der Vorteil für die Zeitarbeitsbranche bestand darin, dass sie einen zeitlichen Wissensvorsprung über die geänderten Rahmenbedingungen hatte. Wer, unabhängig der noch offenen Punkte der AÜG-Reform, rechtzeitig und zeitnah mit seinen Bestandskunden verhandelt und das Thema bei der Neukundengewinnung genutzt hat, konnte bereits im Jahr 2016 einen Ausbau der Geschäfte bei Stammkunden und eine hohe Neukundenquote erzielen. Wer hier Defizite hatte, scheute lange das Gespräch mit dem Kunden und lief Gefahr, ihn ganz oder in einem erheblichen Umfang zu verlieren.

Gerade das Jahr 2020 und die Corona-Krise haben gezeigt, wie wichtig ein emotional intelligenter Vertrieb ist und was gute Bestandskundenbeziehungen ausmachen. Wir durften selbst in den härtesten Krisen-Phasen hunderte Telefonate live begleiten. Dabei wurde deutlich, wie wichtig es ist einfach mal zuzuhören. Auch ohne ein direktes Verkaufsziel.

Diese Beispiele zeigen, auch wenn Sie Ihren Geschäftspartner bereits kennen, heißt das noch lange nicht, dass er ein treuer Partner bleibt. Ihre Beziehung zum Kunden muss täglich aktuell gepflegt und gelebt werden. Sie ist dynamisch und muss durch den Aufbau von verbindungsstiftenden Maßnahmen und Strukturen gestärkt werden. Schaffen Sie eine Kultur. Leitlinien helfen Ihnen dabei. Unsere Seminare bieten hier eine gute Anleitung. Sie werden bereits in vielen Kapiteln dieses Buches einzelne Maßnahmen und Ideen entdecken, die Sie bei Ihrer täglichen Arbeit nutzen können, um den Kontakt zu Ihren Kunden zu pflegen und zu vertiefen.

2.5 Kontaktkettendenken

Telefonate mit Kunden, seien es Bestands-, Neu- oder auch nur potenzielle Kunden, sind Teil einer kontinuierlichen Kette von Kontaktaufnahmen. Um den Kontakt mit Ihren Kunden aufrechtzuerhalten, bieten sich eine Reihe von Möglichkeiten an:

- Sie können alle wichtigen Informationen über den Kunden in der EDV festhalten und Zieltermine setzen (Wiedervorlage). Achten Sie darauf, dass Ihre Wiedervorlage nicht zu lang und unübersichtlich wird. Alternativ können Sie die wichtigsten Termine in Ihrem Outlooksystem eingeben.
- Mailings eignen sich für Kontaktbestätigung, Terminbestätigung, Angebot und Sondermailings.
- Telefonate sind für reine Akquise, Betreuung bei oder nach Aufträgen, Stornos und Referenzakquise geeignet.
- Für Besuche gibt es eine Reihe von Anlässen: Kaltbesuche, Besuche mit Termin, Reklamationsbesuch, Kundenveranstaltungen, Arbeitsplatzbesichtigung, Geburtstag des Kunden oder des eigenen Mitarbeiters, Jahresendgespräche und vieles andere.

Kunden wünschen sich immer eine perfekte Betreuung. Ein unzufriedener Kunde hat jederzeit die Möglichkeit, den Anbieter zu wechseln, weil er weiß, dass der Wettbewerb eine absolut vergleichbare Dienstleistung anbietet und es qualitative Unterschiede gibt. Die Schwierigkeit für Sie als Anbieter ist, dass die genauen Betreuungs- und Beratungsanforderungen selten klar geäußert werden. Wenn Sie sich also an dieser Stelle nicht sicher sind, wie viel Kontakt sich Ihr Kunde wünscht, fragen Sie ihn und natürlich auch alle neuen Interessenten:

- „Wie sieht für Sie die optimale Betreuung aus?"
- „Wie viel Kontakt wünschen Sie sich?"
- „Welche Erwartungshaltung haben Sie in diesem Punkt an Ihr Personaldienstleistungsunternehmen/an mich?"

Der Nutzen aus diesem zeitlichen Mehraufwand:

- Transparenz und Klarheit über Ihren Stellenwert beim Kunden.
- Erkenntnisse über das Umsatzpotenzial für das nächste Jahr und den Marktanteil im laufenden Jahr, um sich argumentativ vor Preisverhandlungen besser vorbereiten zu können.
- Rechtzeitige Information über Veränderungen im Unternehmen, um darauf reagieren zu können.
- Die Möglichkeit, falsche Eindrücke zu korrigieren und sich optimal für das nächste Geschäftsjahr zu positionieren.
- Sicherheit für Ihre eigene Planung.
- Ideengewinnung für neue Dienstleistungsansätze für den Kunden.
- Akquisepotenzial durch Nennung von Empfehlungen.
- Übersicht über das künftig benötigte Personal.
- Bessere Einschätzung Ihrer Mitarbeiter und eine professionelle Grundlage für weitere Verhandlungen.
- Die Möglichkeit, auch Missstände beim Kunden in Ruhe – außerhalb des laufenden Tagesgeschäftes – anzusprechen.
- Festigung der Kundenbindung und Ausbau der Geschäftsbeziehungen.

In Abschn. 5.1 finden Sie attraktive Ergänzungen durch das „6-in-8-Konzept".

Kundenjahresendgespräch
Die Durchführung eines professionell vorbereiteten Kundenjahresendgesprächs (s. Abb. 2.2) einmal pro Jahr soll garantieren, dass Informationen, Erfahrungen und Eindrücke abgeglichen und gegebenenfalls korrigiert werden können:

Kundenjahresrückblick

Name der Firma und des Ansprechpartners

_____

Zahlen und Daten unserer bisherigen
und zukünftigen Zusammenarbeit

Gesamtumsatz des Bereiches
Personalüberlassung am Standort
im Vorjahr/aktuellem Jahr: _____ / _____ in €

                                               Jahr: ....   Jahr ....

Summe der überlassenen Mitarbeiter: _____ / _____

                                               Jahr: ....   Jahr ....

bisher überlassene Qualifikationen:

_____

Mit wie vielen Partnern arbeiten Sie zusammen?

_____

Ihre Bewertung:
                          sehr zufrieden   zufrieden teilweise zufrieden
nicht zufrieden

	sehr zufrieden	zufrieden	teilweise zufrieden	nicht zufrieden
Betreuung durch den Personalberater/NL	O	O	O	O
Auftragsannahme	O	O	O	O
Auftragsabwicklung	O	O	O	O
Administrative Vorgänge/ Schriftverkehr/Formulare	O	O	O	O
Reaktionsgeschwindigkeit	O	O	O	O
Verbindlichkeit	O	O	O	O
Fachkompetenz/Beratungsqualität	O	O	O	O
Qualität der Vermittlungsvorschläge	O	O	O	O

Abb. 2.2 Mustervorlage zur Ankündigung des Kundenjahresendgesprächs: Kundenjahres-rückblick

Bitte unterbreiten Sie nachfolgend Anregungen zur Veränderung oder
Verbesserungsvorschläge für die Zukunft: z. B. Prozessabläufe,

TRUCHSESS&BRANDL

Entscheidungsgeschwindigkeit

_____

_____

Wie stark ist der Betriebsrat in die Entscheidungen miteingebunden?

_____

_____

Wie wichtig ist Ihnen Zeitarbeit in der Zukunft als strategisches Instrument?

_____

_____

Was sind für Sie die 3 wichtigsten Gründe Zeitarbeit zu nutzen?

_____

_____

Mit welchen weiteren Personaldienstleistern arbeiten Sie in anderen Bereichen zusammen?

_____

_____

Was darf in der Zusammenarbeit auf keinen Fall passieren?

_____

_____

Welche weiteren Standorte hat Ihr Unternehmen (national/international), die bereits mit
Personaldienstleistern arbeiten oder an einer Zusammenarbeit interessiert sein könnten?

_____

_____

Bei welcher Art von Qualifikation würden Sie uns anrufen?

_____

_____

Abb. 2.2 (Fortsetzung)

Vorschau/Einschätzung für das kommende Jahr

Gesamtumsatz für das kommende Jahr/geschätzt: _____ in €

Anzahl der geschätzten Mitarbeiter (AÜ): _____
Anzahl der geschätzten Neueinstellungen (gesamt): _____

Weitere mögliche Qualifikationen:

_____

_____

Für welche weiteren Dienstleistungen können wir Sie begeistern?

Personalüberlassung   O
Personalvermittlung   O
Outsourcing   O
Onsite Management   O
Rahmenvertrag   O
Personalberatung   O
Pay Rolling   O
Software Lösungen   O
Zeiterfassungssysteme   O
Bewerbermanagement   O
Azubi Rekrutierung   O
Verhaltensanalysen   O
Kompetenzanalysen   O
Bonusvereinbarungen   O

Weitere Gesprächswünsche Ihrerseits:

_____

_____

Unser Feedback an Sie (Zusammenarbeit/Mitarbeiter)

_____

_____

Abschließende Verbesserungsvorschläge und Anregungen:

_____

Abb. 2.2 (Fortsetzung)

Für wen in Ihrem beruflichen oder auch privaten Umfeld wäre unsere Dienstleistung noch interessant?

_____

_____

Dürfen wir Sie als Referenzkunde nennen? _____

Wie wichtig sind Ihnen solche Gespräche? _____

Wie empfanden Sie unser Kundenjahresgespräch? _____

Wie hat Ihnen unser persönliches Treffen heute gefallen?_____

Sollten solche Gespräche in kürzeren Abständen stattfinden?_____

Abb. 2.2 (Fortsetzung)

1. Kündigen Sie dem Kunden telefonisch an, dass Sie gerne ein solches Gespräch führen möchten.
2. Beschreiben Sie dem Kunden Sinn und Zweck sowie den Nutzen des Gesprächs.
3. Vereinbaren Sie einen persönlichen Termin, der mindestens eine Stunde dauern sollte.

2.6   Fragen als Mittel zur Informationsgewinnung und Verhandlungsführung

Erfolgreiche Vertriebsarbeit steht und fällt mit den Informationen, die Sie über den Markt und Ihren Kunden haben. An Informationen kommen Sie nur durch gründliche Recherche und intensives Fragen. Insbesondere im persönlichen Gespräch können Fragen sehr viel bewirken – positiv wie negativ. Eine kleine Veränderung durch ein Adjektiv oder Adverb kann unterschiedliche Assoziationen oder Gedanken auslösen. Allerdings verbinden viele Menschen mit Fragen etwas Be-

drängendes, Neugieriges, Indiskretes und halten sich deshalb lieber zurück. Dem-
gegenüber steht jedoch die Erkenntnis: Wer nicht fragt, der nicht gewinnt. Vor
allem in Verkaufsgesprächen sind Fragen Ihr wichtigstes Werkzeug, weil sie nachhaltig wirken:

Die Vorteile von Fragen

- Fragen helfen Ihnen bei der Entwicklung und Festigung persönlicher
  Kontakte.
- Mit Fragen holen Sie Informationen ein und lenken Gespräche in be-
  stimmte Richtungen.
- Fragen erhöhen die Bereitschaft des Gesprächspartners, Informationen
  zu liefern.
- Fragen aktivieren und motivieren Ihren Gesprächspartner zum Nach-
  denken und zu persönlichen Aussagen. Deshalb ist es auch wichtig, rich-
  tig zuzuhören und entsprechend zu reagieren.
- Fragen verbessern Ihren Informationsstand über den Gesprächspartner,
  seine Probleme, Einwände, Wünsche und Widerstände. Dadurch können
  Sie sich besser auf den Gesprächspartner und seine Situation einstellen.
  Erst dann können Sie darüber nachdenken, wie Sie die gewünschte Reaktion erreichen.
- Fragen optimieren und erleichtern partnerbezogene Argumentationen.
- Durch Fragen signalisieren Sie dem Ansprechpartner Interesse und spre-
  chen Wertschätzung aus.
- Mit den richtigen Fragen kann Widerständen, Konflikten und Über-
  raschungen vorgebeugt werden.
- Mit der richtigen Mischung von Fragen und Argumenten erreichen Sie
  eine zielorientierte und kontrollierte Verkaufsverhandlung.

Damit Sie mit Fragen nicht das Gegenteil bewirken und Ihre Position schwächen, ist eine positive Vorgehensweise besonders wichtig. Die richtigen Fragetechniken helfen Ihnen dabei. Grundsätzlich werden drei Fragearten unterschieden:

- offene Fragen
- geschlossene Fragen
- Alternativfragen

Mit diesen drei Hauptfragetechniken können Sie 80 bis 90 % der Verkaufsgespräche gut bis sehr gut führen. Andere Fragetechniken, wie beispielsweise rhetorischen Fragen und die Suggestivfragetechnik sind weniger geeignet, da sie zum Teil weniger Interesse für den Gesprächspartner signalisieren und weniger klar, offen, ehrlich oder respektvoll sind. Zudem werden sie häufig zum falschen Zeitpunkt eingesetzt.

2.6.1   Offene Fragen

Offene Fragen dürfen in einem guten Verkaufsgespräch nicht fehlen. Auf sie ist grundsätzlich keine einfache Antwort wie „ja" oder „nein" oder eine reine Sachauskunft möglich. Sie erfordern eine ausführliche Antwort und liefern dem Fragenden in relativ kurzer Zeit viele Informationen. Öffnende Fragen werden stets eingeleitet durch die Fragepronomen:

- Was?
- Wie?
- Wo?
- Wann?
- Wer?
- Welche?
- Wofür?
- Womit?
- Wodurch?
- Inwiefern? In welcher? In wessen? Inwieweit?

Die öffnenden Fragen sind besonders wichtig, weil sie sich dazu eignen, ein Thema in seinen vielen Facetten zu erörtern. Die Frage „Was meinen Sie dazu?" erlaubt ein breites Spektrum an Antworten und „Was halten Sie von der Idee?" wird immer positiv gewertet. Ihr Gesprächspartner findet sich nicht in einem Verhör wieder, es entsteht eine angenehme und wertschätzende Atmosphäre, die es ihm ermöglicht, Informationen zu geben. Vermeiden Sie es, in Gedanken gleich Ihre nächste Frage zu stellen, es könnte nämlich die Falsche sein. Wichtiger ist es, auf das eben Gehörte das Gespräch fortzusetzen. Nutzen Sie daher in der Vorbereitung und nach Möglichkeit auch während der Durchführung Checklisten. Siehe auch Abschn. 2.2 Vertriebsvorbereitung. Damit können Sie sich auf das Zuhören konzentrieren und Schritt für Schritt nur noch die fehlenden Informationen abfragen.

▶   Wer fragt, führt das Gespräch!

Das erreichen Sie mit offenen Fragen:

- Klare Informationen vom Gesprächspartner.
- Sie hören die offene Meinung.
- Sie schaffen eine gute Atmosphäre.
- Der Gesprächspartner fühlt sich ernst genommen und respektiert.
- Keine Beeinflussung der Antwort.
- Keine Lenkung in Inhalt und Form.

Wann stellen wir diese Fragen?

- Am Anfang des Gesprächs.
- Immer, wenn Sie Informationen brauchen.
- Immer, wenn Sie Meinungen erfahren wollen.
- Wenn Sie die Hilfe des Gesprächspartners brauchen.
- Wenn Sie sich eine gute Gesprächsatmosphäre wünschen.
- Wenn Sie Ihren Gesprächspartner wieder oder zum ersten Mal kennenlernen.
- Als Hilfestellung zur Einwandbehandlung.
- Als Vorbereitung für Ihre Argumentationsplatzierung und Verstärkung.

Wir scheuen uns oft, offen zu fragen und vergessen dabei, dass wir uns in der Regel automatisch und natürlich verhalten, wenn wir uns für jemanden etwas mehr interessieren. Hier fließen die Fragen förmlich aus uns heraus: Woher kommst du? Was ist dir wichtig? Was hast du für Hobbys? Wie viele Geschwister hast du? Was machst du beruflich? Und wie empfinden wir als Befragter? Wir sind geschmeichelt und freuen uns über das ehrlich hervorgebrachte Interesse.

Wir sind absolute Fans der offenen Fragetechnik. Mittlerweile fällt es uns schwer, geschlossen zu formulieren. Die vielfältigen Einsatzmöglichkeiten der offenen Fragetechnik in Kombination mit gezielten Adverbien und Adjektiven und deren Wirkung begeistern uns jeden Tag neu. Diese offenen Fragen verwenden wir zum Beispiel in der Anfangsphase von Akquisegesprächen:

- Wie oft nutzen Sie externe Unterstützung bei der Rekrutierung in Ihrem Unternehmen?
- Wie intensiv greifen Sie auf die Personaldienstleistung in Ihrem Unternehmen zurück?
- Wie setzen Sie Zeitarbeit strategisch in Ihrem Unternehmen ein?

- (Die Frage zielt darauf, herauszufinden, ob die Zeitarbeit als strategisches Instrument oder nur zur Überbrückung von Urlaubs- und Krankheitszeiten bzw. saisonalen Engpässen dient.)
- Welche Qualifikationen werden in Ihrem Haus mit Zeitarbeit besetzt?
- Worauf legen Sie in der Zusammenarbeit/bei diesem Auftrag besonderen Wert?
- Wie kann ich Sie noch unterstützen?
- In welchen Bereichen arbeiten Sie sonst noch mit Personaldienstleistern zusammen?
- Wie läuft die Entscheidung intern ab?
- Wie genau ist der Prozess/die zeitliche Abfolge/Wer sichtet die Unterlagen?
- Wie genau sieht das Auswahlverfahren aus?

Offene Fragen sind in allen vertriebsorientierten Gesprächen wichtig. Vor allem in der Vor- und Einwandbehandlung, die wir in einem der nächsten Kapitel beschreiben. Auch hier gibt es Standardsituationen, auf die Sie sich perfekt vorbereiten können.

2.6.2   Geschlossene Fragen

Diese Frageform kommt insbesondere dann zum Einsatz, wenn Sie Entscheidungen und Klarheit anstreben. Auf geschlossene Fragen kann Ihr Gesprächspartner nur mit „ja" oder „nein" antworten; sie erfordern eine eindeutige Stellungnahme. So kann sich der Befragte schnell unter Druck gesetzt oder sogar überrumpelt fühlen. Daher müssen Sie immer mit einem „nein" rechnen, wenn Sie es nicht brauchen können. Beispielsweise bei der zu früh gestellten Frage: „Haben Sie sich schon entschieden?"

Manchmal dienen geschlossene Fragen auch dazu, das Gespräch auf einen geplanten Punkt zu lenken, um den Partner in einen „ja"-Rhythmus zu bringen, um die gewünschte Zustimmung zu erhalten. Hierbei handelt es sich aber häufig um Suggestivfragen, die viele Menschen unbewusst als unangenehm empfinden.

Die geschlossenen Fragen können Sie sehr gut auf positive Art und Weise einsetzen, wenn Sie Entscheidungen und Klarheit anstreben. Zum Beispiel bei:

- Zustimmung oder Ablehnung zu einem Sachverhalt, einer Lösung oder einem Vorschlag.
- Sie sicherstellen möchten, dass Sie den Kunden richtig verstanden haben (zum Beispiel Zusammenfassung des Gespräches zur Kontrolle).
- Sie komplizierte Sachverhalte vereinfachen und auf den Punkt bringen wollen.
- Sie eine hohe Transparenz der Gesprächsinhalte gewährleisten möchten.

Geschlossene Fragen im Überblick
Merkmale der schließenden Fragen sind:

* Sie können mit „ja" oder „nein" beantwortet werden.
* Sie bringen Entscheidungen.
* Sie werden stets durch ein Verb eingeleitet.

Die typischen Fragewörter sind:

* müssen … Sie?
* wollen … Sie?
* haben … Sie?
* sind … Sie?
* brauchen … Sie?

Wie stellen Sie diese Fragen?

* Habe ich Sie richtig verstanden?
* Ist es richtig …?
* Wollen Sie …?
* Haben Sie …?

Üben Sie sich darin, wann Sie diese Fragen stellen. Denn sie sind in einem bestimmten Punkt des Gespräches äußerst wichtig. Gerade wenn Sie eine Entscheidung über Ihre weitere Vorgehensweise treffen möchten oder Sie unsicher bezüglich der Überzeugung des Kunden sind, müssen Sie eine klare geschlossene Frage stellen.

2.6.3   Alternativfragen

Eine weitere Variante sind die Alternativfragen. Sie basieren auf dem Entweder-oder-Prinzip und bieten den Vorteil, dass Sie die zwei Antwortmöglichkeiten vorgeben und der Gesprächspartner zwischen diesen wählen kann. Sie steuern also die Auswahl, die jedoch für den Gesprächspartner daher eingeschränkt und/oder vorgegeben ist.

Die Fragen dienen dazu, die nicht infrage kommende Alternative auszuwählen. Im besten Fall kommt es zu einer schnellen Entscheidungsfindung. Zum Beispiel bei geschickter Positionierung der Offerte kann schon durch die Frageformulierung eine erwünschte Entscheidung unterstützt werden:

* „Wollen Sie die Mitarbeiter am nächsten Montag oder gleich morgen?"
* „Bevorzugen Sie Staplerfahrer mit oder ohne Kommissionier-Erfahrung?"
* „Wann haben Sie Zeit für ein Gespräch? Am Montag oder Dienstag?"

Da Sie taktisch bewusst Grenzen setzen und die Entscheidungsfreiheit des Gesprächspartners beschneiden, kann es passieren, dass

* beide Alternativen nicht den Vorstellungen Ihres Gegenübers entsprechen,
* Ihr Gesprächspartner Ihr Vorgehen als zu druckvoll empfindet,
* der Zeitpunkt für eine Entscheidung zu früh ist.

Wann sind Alternativfragen sinnvoll?

* Wenn die Alternativen klar sind und im Vorfeld akzeptiert wurden.
* Um Entscheidungsfindungen zu erleichtern und zu beschleunigen.
* Wenn zu viele Alternativen die Lösungsfindung behindern.
* Wenn Sie das Gespräch stärker steuern wollen.
* Wenn sich der Kunde innerhalb Ihrer Alternativen entscheiden soll und nicht für ein weiteres Angebot vom Wettbewerb.

Nahezu jedes Gespräch enthält Fragen. Üben Sie die drei genannten positiven Formen, um die Wirkungen zu verinnerlichen. Die wichtigsten Fragen sind unter anderem offen formulierte Motivfragen, weil diese die Kaufmotive aufzeigen, auf die Sie Ihre Nutzenargumentation aufbauen können.

Die Kunst des Verkaufens besteht darin, die richtigen Fragen dem richtigen Ansprechpartner zu stellen. Aber es geht auch darum, im richtigen Moment schweigen zu können und vor allem:

▶   Hören Sie zu!

Der Gesprächsanteil zwischen Verkäufer und Käufer sollte generell bei 20:80 liegen. Zur Sicherstellung: 80 % Redeanteil liegen beim Käufer! Meist ist es jedoch umgekehrt.

Nutzen Sie die neu gewonnenen Informationen für Ihre Gespräche und Verhandlungen. Sie werden sicherer reagieren, schneller und gezielter argumentieren und damit für beide Seiten kunden- und verkaufsorientierter. In den folgenden Kapiteln und den dazugehörenden Checklisten werden Sie noch viele verschiedene, vor allem offene Fragebeispiele entdecken.

2.7 Klassische Einwände in der Personaldienstleistung

Die Unterscheidung zwischen Einwand und Vorwand gehört mit zu den wichtigsten Aufgaben im Vertrieb. In einem Verkaufsgespräch versuchen zwei Personen, für sich das beste Ergebnis herauszuholen. Zweifel, Fragen, Kritik, Wünsche oder andere Gründe werden oft nicht konkret geäußert, sondern es wird ein scheinbarer Grund genannt, warum kein Interesse besteht. Erst wenn die Motivlage eindeutig klar ist, können Sie als Verkäufer richtig argumentieren. Deshalb ist die Unterscheidung zwischen Einwand und Vorwand so ungemein wichtig.

▶ Der **Vorwand** ist eine Art Wand, die der Gesprächspartner aufbaut, um sich dahinter zu verstecken und den eigentlichen Einwand zu verbergen. Ein Vorwand kann nicht ausgeräumt oder entkräftet werden, da er zur Abwehr dient, um nicht weiter zu verhandeln bzw. sprechen zu müssen.

▶ Der **Einwand** ist der wahre Grund, der gegen unsere Aussage, gegen das Angebot spricht. Häufig wird er aufgrund mangelnder, ungenügender Information oder schlechter Fragestellung ausgesprochen.

Was Sie niemals vergessen dürfen: Jeder tatsächliche Einwand auf Ihr Angebot, auf Ihre Argumente ist ein positives Signal Ihres Gesprächspartners und zeigt, dass er sich mit dem Thema beschäftigt hat. Das heißt, Sie befinden sich bereits auf einer Stufe hin zum Abschluss. Vor allem dann, wenn Sie die Möglichkeit haben, die Bedingungen ändern, und der Kunde für weitere Verhandlungen bereit ist. Mögliche Gründe für Vorwände:

• Der Kunde/Interessent traut sich nicht zu sagen, dass Sie nur ein Alibianbieter sind, um den Preis beim Hauptpartner zu drücken.
• Der Kunde/Interessent traut Ihnen nicht/mag Sie nicht (evtl. schlechte Erfahrungen) und ist nur zu höflich, das zu sagen. Er schiebt einen Vorwand (zum Beispiel keine Zeit) vor.
• Dem Kunden ist es peinlich zum Beispiel zuzugeben, dass er sich über die gesetzlichen Veränderungen noch nicht informiert hat.

Mögliche Gründe für Einwände:

• Ihre Argumente, Ihr Angebot, die Vorteile waren nicht ausreichend erklärt, begründet oder oberflächlich.
• Tatsächlich keine Zeit.
• Unpassender Zeitpunkt.
• Kein Interesse, da gute und vertrauensvolle Zusammenarbeit mit einem Mitbewerber.

Daher müssen Sie immer mit Einwänden rechnen und aufmerksam zuhören. Um den wahren Grund für eine Absage zu erfahren, müssen Sie herausfinden, ob ein Vor- oder ein Einwand vorliegt. Es gilt, zu erkennen, ob die Argumente des Kunden stimmen und richtig nachzufragen.

Beispiel

PD:	„Mein Name ist … von der Firma … Zeitarbeit."
Kunde:	„Ich habe kein Interesse."
PD:	„Aus welchen Gründen?"
Kunde:	„Wir haben keinen Bedarf."
PD:	„Heißt kein Bedarf zur Zeit oder generell nicht?"
Kunde:	„Wir arbeiten bereits mit Personaldienstleistern."
PD:	„Worauf legen Sie denn in der Zusammenarbeit besonderen Wert?"
Kunde:	„Wir benötigen hauptsächlich kaufmännisches Personal …"

Jetzt erst beginnt das eigentliche Gespräch. Kein Interesse und kein Bedarf waren lediglich Vor- und keine Einwände. Dieses Wissen bietet Ihnen die Chance, weiter zu argumentieren. In Tab. 2.1 finden Sie ein weiteres Beispiel
Das Ergebnis ist:

• Der Personalberater hat keinerlei Informationen oder Erkenntnisse über den Kunden gewonnen.
• Der Personalberater hat keine klare Vereinbarung, wann er erneut anrufen kann und hat damit keinen Aufhänger für eine erneute Kontaktaufnahme.
• Es ist unklar, ob der Berater überhaupt mit dem richtigen Ansprechpartner gesprochen hat.

Für Einwände eignen sich etliche offene Fragen, die Ihnen weiterhelfen (s. Tab. 2.2).

Tab. 2.1 Gesprächsbeispiel mit Analyse

Formulierung	Analyse
PD: „Mein Name ist … von der Firma … Zeitarbeit"	
Kunde: „Ich habe kein Interesse."	Vorwand
PD: „Sie setzen Zeitarbeit nicht ein?"	Geschlossene Frage/Suggestivfrage
Kunde: „Nein"	Knappe Antwort ohne weitere Informationen
PD: „Zeitarbeit bringt Ihnen und Ihrem Unternehmen viele Vorteile"	Vorteilsbenennung ohne Nutzenerkenntnis für den Kunden
Kunde: „Wie gesagt, wir setzen Zeitarbeit nicht ein"	Wiederholung vom Kunden
PD: „Schade, macht es denn Sinn, dass ich mich zu einem späteren Zeitpunkt wieder melde?"	Geschlossene Frage
Kunde: „Ich denke nicht. Sie können sich bei mir aber gerne wieder melden"	
PD: „Danke. Auf Wiedersehen"	

Tab. 2.2 Offene Fragen auf Einwände

Ein-/Vorwand des Kunden	Offene Frage
Zu teuer	Womit vergleichen Sie …? Was müsste passieren, dass Sie Zeitarbeit als Alternative in Betracht ziehen? Wie kommen Sie zu diesem Ergebnis?
Kein Bedarf	Generell oder aktuell nicht?
Wir setzen Zeitarbeit nicht ein	Wie lösen Sie dann Ihre Personalengpässe? Wann in der Vergangenheit haben Sie auf Zeitarbeit zurückgegriffen?
Wir haben keine Personalengpässe	Wie gehen Sie dann mit Urlaubs- und Krankheitszeiten um? Wann liege in Ihren Augen ein Personalengpass vor? Unabhängig eines Personalengpasses, was halten Sie persönlich von Zeitarbeit?
Kein Interesse	Aus welchen Gründen?
Keine Zeit	Wann können wir das Gespräch weiterführen? Welcher Tag passt Ihnen diese Woche besser?
Wir arbeiten bereits mit Zeitarbeit	Worauf legen Sie besonderen Wert? Welche Qualifikationen werden mit Zeitarbeit besetzt?
Wir haben Rahmenvertragspartner	Wann sind die nächsten Ausschreibungen? Wie schaut generell der Entscheidungsprozess dazu aus?
Da kann ich Ihnen gleich sagen, dass wir kein Interesse haben	Wann ist Ihr Chef denn wieder zu sprechen? Herzlichen Dank für die offenen Worte, wer ist denn in Ihrem Haus der verantwortliche Entscheider für Festeinstellungen?
Uns geht es wirtschaftlich sehr schlecht	Das bedaure ich sehr. Gerade dann sollten wir uns zusammensetzen und gemeinsam entdecken, wie wir Sie auch in solchen Zeiten unterstützen können. Wann haben Sie dafür Zeit?

Alternativ können Gesprächsverläufe mit Einwänden durch die richtigen Fragen positiver gestaltet werden:

Beispiel

PD:	„Was halten Sie von einem persönlichen Kennenlernen?"
Kunde:	„Gerne, wenn wir aktuellen Bedarf haben."
PD:	„Was erwarten Sie denn konkret von einem externen Personaldienstleister im aktuellen Bedarfsfall?"
Kunde:	„Dass Sie zeitnah den richtigen Mitarbeiter zur Verfügung stellen!"
PD:	„Genau dieselbe Erwartungshaltung haben wir auch an uns. Damit wir dieser gerecht werden können, ist es notwendig, im Vorfeld über die Details zu sprechen und sich den Arbeitsplatz vorab anzuschauen. Wann haben Sie denn Zeit? Diese oder nächste Woche?"
Kunde:	„Ok. Nächste Woche wäre mir lieber."
PD:	„Dienstag oder Mittwoch."

Sollte der Kunde an dieser Stelle noch keine Entscheidung treffen wollen:

Beispiel

PD:	„Was lässt Sie außer der Terminfindung noch zögern?"
Kunde:	„Ich kann einfach noch nicht absehen, welche Qualifikation wir als nächstes benötigen."
PD:	„Das kann ich gut verstehen. Wann wäre denn dann ein geeigneter Zeitpunkt, sich wieder zu sprechen?"

◄

Natürlich kommen Sie immer wieder trotz guter Fragetechniken und Einwandbehandlung zu keinem für Sie zufriedenstellenden Ergebnis. Jedoch wissen Sie im Anschluss meistens mehr über das Unternehmen. Diese Informationen können Sie dann vertriebsstrategisch für den weiteren Kontakt nutzen.

2.8 Kaufsignale rechtzeitig erkennen und kompetent reagieren

Es gibt ein bestimmtes Verhaltensmuster, das wir in Trainings häufig beobachten: Der Verkäufer präsentiert sein Angebot im besten Licht, argumentiert engagiert und motiviert. Er will den Kunden perfekt beraten, übersieht jedoch den entscheidenden Moment für einen wirklich erfolgreichen Abschluss: Der Kunde zeigt längst Interesse und der Verkäufer ist so damit beschäftigt, allgemeine Merkmale oder Leistungen aufzuzählen, dass er die eigentlichen Kundenbedürfnisse und auch die Kaufbereitschaft nicht erkennt. Die Folge: Das Gespräch dreht sich, weil der Kunde das Interesse verliert. Dieser Gefahr können Sie entkommen, wenn Sie die Kaufsignale der Kunden rechtzeitig erkennen, darauf reagieren und gezielt in ein tieferes Gespräch einsteigen.

Zu den Kaufsignalen gehören:

- Offene Zustimmung („Das gefällt mir.", „Das hört sich gut an" etc.).
- Nachfragen, die Interesse bezeugen, oder das Thema konkret vertiefen möchten.
- Vermehrter Gebrauch von „Wir-Formulierungen".
- Formulierung in der Wirklichkeits- anstatt in der Möglichkeitsform: „Welche Vorgehensweise empfehlen Sie" anstatt: „ … würden Sie empfehlen".
- Kopfnicken, ein Lächeln oder verstärkte Gestik und Mimik.
- Fester Blickkontakt.

Kaufsignale in der Personaldienstleistungsbranche sind typische Fragen, wie zum Beispiel:

- Sind Sie in der Lage, kurzfristig sehr viel Personal zu stellen?
- Wie gehen Sie bei der Rekrutierung vor?
- Wie stellen Sie sicher, dass bei Krankheit eines Mitarbeiters sofort ein Ersatz gestellt wird?
- Ist Ihre Firma bundesweit vertreten?

Solche und ähnliche Fragen signalisieren zum Beispiel ein grundsätzliches Interesse an einer Zusammenarbeit. Doch nicht immer sind die Signale so klar erkennbar, was zum Teil individuell in der Persönlichkeit des Gegenübers begründet liegt. Im persönlichen Gespräch ist es deshalb ungemein wichtig, auf veränderte Körpersprache oder beispielsweise ein Kopfnicken zu achten. Und ebenfalls wichtig: Auch Einwände und Nachfragen oder aufmerksames Zuhören zeugen von Interesse.

Wenn Sie Hinweise dieser Art erhalten, müssen Sie in die Tiefe gehen und Ihre ganze Aufmerksamkeit dem Kunden und seinem Anliegen widmen. Mit welchen Fragen schaffen Sie das?

- „Warum ist Ihnen dieser Punkt so wichtig?"
- „Vielen Dank für Ihre Aufmerksamkeit. Was ist es, was Sie daran besonders interessiert?"

- „Ich habe das Gefühl, ich konnte Sie bisher von unserer Dienstleistung noch nicht überzeugen. Was fehlt Ihnen noch an Informationen?"
- „Welcher Bereich der AÜG-Reform hat für Sie die größte Bedeutung?"

Die Antworten auf Ihre Fragen bieten Ihnen Ansatzpunkte, um professionell und qualifiziert auf Kundenbedürfnisse zu reagieren. Wenn Sie sich unsicher sind, nutzen Sie die bereits vorgestellten Fragemöglichkeiten, um weitere Informationen zu erhalten und die Kaufbereitschaft herauszufinden. Sie müssen die Kundensituation komplett und in der Tiefe verstehen.

Hinweise auf Kaufsignale im Überblick

- Allein die Tatsache, dass Sie einen Termin beim Kunden bekommen haben, stellt ein eindeutiges Kaufsignal dar.
- „Wollen Sie sich mal den Arbeitsplatz ansehen?"
- „Wo liegen Sie denn preislich?"
- „Wie sieht es denn aus, wenn Ihr Mitarbeiter mal ausfällt?"
- „Welches Zahlungsziel haben Sie?"
- Der Kunde sagt ganz deutlich, welche Art von Mitarbeiter er benötigt.
- Der Kunde stellt eine konkrete Anfrage („Haben Sie denn einen Staplerfahrer?").
- Der Kunde hat sich auf den Termin vorbereitet (Er hat ein Besprechungszimmer reserviert, er hat sich anhand Ihrer Infomappe, bzw. dem Internet über Sie informiert, das Telefon ist ausgeschaltet etc.)
- Der Kunde holt einen Kollegen aus der Fachabteilung mit zum Gespräch.
- Das Gespräch dauert ca. eine Stunde.
- Der Kunde will viel über Ihre Firma wissen.
- Der Kunde beklagt sich im Gespräch über seinen aktuellen Dienstleister.
- Der Kunde verlangt ein Angebot.
- Der Kunde verweist Sie noch an andere zuständige Ansprechpartner seines Unternehmens (zum Beispiel Küchenchef, Lagerleiter etc.).
- Der Kunde fragt Sie konkret nach bestimmten Dienstleistungen („Machen Sie auch Outsourcing oder On-Site-Management?").
- „Begleiten Sie denn Ihre Mitarbeiter am ersten Tag zur Arbeit?"

Sollte Ihnen der Kunde derartige eindeutige Kaufsignale senden, bleiben Sie am Ball und kommen Sie schnellstmöglich zum Abschluss.

Bitte fragen Sie auch nach! Aus welchem Grund spricht der Kunde diesen Punkt an?

Behalten Sie diese Liste stets an Ihrem Arbeitsplatz. Schauen Sie sich die Punkte vor jedem Gespräch noch einmal an, bis Ihnen die Punkte in Fleisch und Blut übergegangen sind. Fügen Sie eigene Ergänzungen hinzu.

2.9   Aktives Zuhören und Reagieren

Ein weitverbreiteter Irrtum ist, dass es beim Verkaufen um „Reden" oder „die Kunst des Überredens" geht. Genau das Gegenteil ist mit der „80:20-Regel" gemeint. Diese Regel besagt, dass ein Verkäufer 80 % seiner Zeit mit Zuhören und nur 20 % mit Redenanteil bestreiten sollte. In allen Gesprächen, auch im Verkaufsgespräch, laufen typisch menschliche Programme ab. Alles Gehörte durchläuft unseren persönlichen Filter mit unseren Gedanken, Erwartungen und Erfahrungen, und diese lösen Handlungsimpulse aus: Beim Verkäufer springt der Verkaufsmotor an und er redet sein Produkt in den Vordergrund. Meist ist dies dem Erfolg wenig zuträglich.

Wie also können Sie dem Kunden seinen verdienten Sprechanteil verschaffen? Die richtigen Fragen zu stellen ist eine gute Idee, allerdings müssen Sie auch zuhören können. Gerade das Zuhören fällt uns Verkäufern schwer. Es ist generell eine schwierige Sache, da das Zuhören unsere ganze Konzentration fordert und wir es meist nicht konsequent gelernt haben, weder zu Hause, noch in der Schule: Gutes Reden und Vortragen wird anerkannt, gutes Zuhören bleibt meist unbemerkt.

Nach unserer Auffassung bedeutet Zuhören, sich aufmerksam den Worten seines Gegenübers zuzuwenden und auch über einen längeren Zeitraum schweigen zu können. Nicht umsonst haben wir zwei Ohren und nur einen Mund.

2.9.1   Fähigkeiten eines guten Zuhörers

Zuhören ist ein Akt der Wertschätzung. Es lohnt, sich folgende Fähigkeiten anzueignen:

- Denken Sie sich in Ihre Gesprächspartner hinein: Nur so haben Sie die Chance, genau zu verstehen, was der Kunde von Ihnen will. Manches bringt er offen zum Ausdruck, manches versteckt. Sie lernen seine Vorstellungen besser kennen und gewinnen somit mehr Sicherheit für die eigene Argumentation.
- Mit einer offenen Frage, die keine Lösung oder keine Antwort vorgibt, können Sie sich Klarheit verschaffen. Wichtig dabei ist, dass Sie nach der Frage die „Klappe halten" und wieder hinhören.

- Das bedeutet auch, stellen Sie nur eine Frage, nicht mehrere hintereinander.
- Tun Sie nichts anderes, während der Partner redet (Ausnahme: Notizen).
- Gehen Sie im Anschluss auf die Antworten des Kunden ein und nicht auf Ihre vorbereiteten nächsten Fragen. Vermeiden Sie das Hüpfen von Frage zu Frage. Hier zeigt Ihnen der Kunde nur einen Ausschnitt und es liegt an seiner Bereitschaft, Ihnen mehr Informationen preiszugeben.
- „Aktives Hinhören" erfordert viel Selbstbeherrschung und Konzentration.
- Achten Sie auf noch so kleine Hinweise. Gerade die erste Reaktion auf unsere Frage ist immer wegweisend und wird oft nicht gehört. Beispiel: Wir: „Wie geht es Ihnen?" Antwort des Kunden: „Momentan ist es ganz schön durcheinander bei uns. Ansonsten geht es gut. Und Ihnen?" Meist wird auf das „Und Ihnen?" reagiert und nicht auf „Momentan …".

Als aktiver Zuhörer haben Sie die Möglichkeit, alles Gehörte, Fragen oder Stimmungen aufzunehmen, näher zu betrachten und zu erörtern. Sie erkennen Kaufsignale leichter und können mit den richtigen Folgefragen in die Tiefe gehen und Gespräche erfolgreicher an ein positives Ende führen.

Sie können Ihre Wahrnehmung dem Kunden mitteilen, wenn es dabei zu keinerlei Beurteilung oder Bewertung des Partners oder des Gehörten kommt. Das gibt Ihnen die Chance, versteckte Botschaften und das wirkliche Problem anzugehen und Ihren Willen und das Interesse für die Bedürfnisse des Kunden zu zeigen.

2.9.2 Grenzen erkennen und richtiges Schweigen

Aktives Zuhören kann Wunder wirken, aber es kann auch missbraucht werden. Daher sollten Sie die Notbremse ziehen, statt eine übertrieben falsche Anwendung zu verfolgen. Hier einige Tipps:

- Hören Sie auf, aktiv zuzuhören, wenn Sie es ständig wie ein Werkzeug anwenden und Sie Ihre Natürlichkeit verlieren. Dasselbe trifft zu, wenn Ihr Gesprächspartner dringend Fakten, Informationen und konkrete Hilfe von Ihnen benötigt und schnelles Handeln erforderlich ist.
- Achten Sie aber auch darauf, dass Sie den Gedankenfluss Ihres Gegenübers nicht stören, vor allem in entscheidenden Situationen, die Ihnen wichtige Informationen (auch versteckte) liefern. Dafür sind korrektes passives Zuhören, Schweigen und viel Aufmerksamkeit erforderlich: Signalisieren Sie Ihrem Gesprächspartner, dass Sie geistig anwesend sind. Ein direkter Blickkontakt oder eine offene, positive Körperhaltung genügt. Wenn Sie am Telefon sind, zeigen

Sie ruhig durch ein „ja", ein „hmm" oder ein „aha", dass Sie anwesend sind und zuhören (passiv).

- Konzentrieren Sie sich und vermeiden Sie Nebentätigkeiten, wenn Sie mit Ihrem Kunden telefonieren. Er bemerkt Ihre Abwesenheit und Sie verfolgen die Unterhaltung nicht aufmerksam genug, um wichtige Punkte zu erfassen und einzuhaken.
- Ermuntern Sie Ihr Gegenüber an den richtigen Stellen mit Stichworten zum Weitersprechen. Dabei helfen Ihnen solche Formulierungen weiter: „Aha, erzählen Sie mir doch mehr darüber …", „Erklären Sie mir doch näher, was sie meinen …" oder „und was sagen Sie zu …"
- Sie müssen auch einmal Stille ertragen können. Stellen Sie in einer solchen Phase keine Fragen, die auf eine bestimmte, von Ihnen gewünschte Antwort zielen, sondern lassen Sie dem Gespräch seinen natürlichen Verlauf.
- Versuchen Sie die Welt mit den Augen des Gesprächspartners zu betrachten. Sind Sie jedoch ständig in Gedanken damit beschäftigt, die nötigen Strategien und Taktiken zu entwickeln, wie Sie den Verkauf abschließen, übersehen Sie Ihr Gegenüber.

Aktives Zuhören gibt Ihrem Gesprächspartner die Gelegenheit, sich verstanden, sich in der Diskussion wohl zu fühlen und die wesentlichen Punkte auf den Tisch zu bringen. Erst das gibt Ihnen die Gelegenheit, wirklich professionell zu agieren. Ersetzen Sie „aktives Zuhören" durch „Hinhören", bringt es die Hinwendung zum Gesprächspartner zum Ausdruck. Üben Sie sich ständig darin, denn wer den anderen auch reden lässt, gewinnt Sympathien und erkennt schneller Chancen, welchen Mehrwert er seinem Kunden bieten kann.

2.10 Die richtige Argumentation

Jeder von uns kennt das: Ein Verkäufer, ein Redner oder jemand aus dem familiären Umfeld hat mit seinen Worten absolut überzeugt. Es ist das sichere Gefühl entstanden: Diese Person hatte „schlagende" Argumente und Ihre Meinung zu einem bestimmten Thema wurde dadurch nachhaltig beeinflusst. Was passiert in solchen Momenten?

Eine schlüssige Argumentation hat ihre Wirkung entfaltet, weil ein wichtiger Wert oder Wunsch bei Ihnen geweckt, bestätigt oder verstärkt wurde. Sie haben einen Nutzen für sich erkannt und genau diese Nutzenformulierung zeichnet gute Argumente aus. Wir werden Ihnen im Folgenden einen Weg aufzeigen, diesen Effekt während Ihrer Verkaufsgespräche bewusst zu erzeugen und somit Ihren Erfolg im Kundengespräch gezielt zu steuern.

Eine Art „natürlicher Überzeugungskraft" macht es vielen Menschen möglich, instinktiv richtig zu argumentieren. Genau wie beim Thema Fragetechnik ist es jedoch erforderlich, eine zielgerichtete Argumentationstechnik mithilfe einer guten Vorbereitung zu trainieren und zu perfektionieren. Ein guter Verkäufer stellt die passenden Fragen, hört aufmerksam zu und argumentiert an der richtigen Stelle, individuell auf die Kaufmotive des Kunden abgestimmt.

Es gibt viele gute Argumentationstechniken, die man üben und trainieren kann. In unseren Seminaren beleuchten wir sie alle. Vor allem das „Storytelling" ist eine sehr kreative und wirkungsvolle Variante. In diesem Buch beleuchten wir die Technik, die aus unserer Sicht die Grundlage für alle anderen darstellt: M-V-N. Lassen Sie uns diese Technik einmal genauer betrachten.

Ein gutes Argument besteht aus drei Teilen:

- einem Merkmal: neutrale Tatsachenbeschreibung
- einem Vorteil: unmittelbare logische Folge
- einem Nutzen: bezogen auf die tief gehenden Motive des Kunden

2.10.1 Merkmale

Was sind Produkt- oder Dienstleistungsmerkmale? Diese Frage lässt sich am einfachsten durch ergänzende Fragen beantworten:

- Was biete ich persönlich meinem Kunden?
- Was bietet mein Unternehmen?
- Was bietet mein Mitarbeiter/Bewerber unseren Kunden?
- Was biete ich meinen Mitarbeitern und Bewerbern?
- Was bietet die Zeitarbeit generell?
- Wofür stehe ich als Person?
- Wofür steht mein Unternehmen?

Die meisten Unternehmen haben sich darüber längst Gedanken gemacht, die Antworten entsprechend gesammelt und in Flyern, Broschüren oder auf ihrer Website marketingwirksam perfekt aufbereitet. Sie finden daher oft im Außenauftritt einer Firma eine Ansammlung von Merkmalen. Der Kunde bzw. Bewerber kann sich die für ihn interessanten Punkte aussuchen. Sie bieten Ihren Kunden zum Beispiel:

- persönliche Betreuung
- individuelle Lösungen
- schnelle Reaktionszeiten
- top qualifizierte Bewerber
- aussagekräftige Mitarbeiterprofile
- … Jahre Erfahrung am Markt
- einen 24/7-Erreichbarkeitsservice
- Einsatzbegleitung
- On-Site-Management
- Personalvermittlung
- und vieles mehr

Wenn Sie Glück haben, findet Ihr Kunde sein Motiv und reimt sich seinen Nutzen selbst zusammen. Die aufgelisteten Punkte sind alle richtig und klingen gut. Eine ähnliche Ansammlung reiner Merkmale findet man auch in Unternehmenspräsentationen und Verkaufsgesprächen.

Wenn der Kunde fragt „Warum soll ich ausgerechnet bei Ihnen kaufen?", wird oft wie folgt „argumentiert":

- „Wir bieten dies …"
- „Wir machen auch das …"
- „Ich garantiere Ihnen … und …"
- „Unser Unternehmen steht für …" usw.

Zweifelsohne sind solche Aussagen besser als gar keine Antwort und es zeugt von Fachwissen und Selbstvertrauen. Aber wirklich überzeugend sind solche Ansammlungen von Merkmalen nicht. Es könnte zum Beispiel passieren, dass Ihr Kunde sagt: „Das behaupten alle anderen auch." Konkret heißt das, dass Sie ihn in diesem Augenblick nicht von Ihrer Dienstleistung überzeugen konnten. Überzeugende Argumente entstehen dann, wenn Sie sich zu jedem einzelnen Merkmal die passenden Vorteile und möglichen „Kunden-Nutzen" bewusst machen. Ein einfaches Hilfsmittel unterstützt Sie dabei, Ihrem Kunden den Mehrwert Ihrer Dienstleistung darzustellen.

2.10.2 Merkmal – Vorteil – Nutzen

Tab. 2.3 mit Beispielen ist der erste Schritt zu einem ganzen Katalog von vertriebsorientierten Argumenten. Im ersten Schritt sollten Sie diese nur mit Stichpunkten füllen.

Tab. 2.3 Beispiele für Merkmal, Vorteil und Nutzen

Merkmal (wir bieten …)	Vorteil (das hat für Sie den Vorteil, dass …)	Nutzen (und bedeutet gleichzeitig, …)
Persönliche Betreuung	Gleichbleibende Ansprechpartner Kenntnisse über den Kunden Erreichbarkeit	Sicherheit/blindes Verständnis Einfach und bequem Vermeiden von Missverständnissen
Individuelle Lösungen	Keine Dienstleistung von der Stange Kundenwünsche werden berücksichtigt	Hohe Dienstleistungsqualität Sehr gutes Preis-Leistungs-Verhältnis langfristig und stabil
Schnelle Reaktionszeiten	Klares und schnelles Feedback Planbarkeit Verlässlichkeit	Produktivität bleibt erhalten Sicherheit bei der Planung Umsatz des Kunden ist sicher
20 Jahre Erfahrung am Markt	Kenntnisse über Bewerbersituation Bekanntheitsgrad am Bewerbermarkt Realistische Einschätzung	Größere Bewerberauswahl Bessere Kandidaten Höhere Verlässlichkeit Sicherheit
Personalvermittlung	Andere Bewerberquellen Diskrete Abwicklung Komplette Vorauswahl	Ersatz für noch besetzte Stellen Kosten und Zeitersparnis Berücksichtigung aller Kriterien
Top qualifizierte interne Mitarbeiter/innen	Hohe Rechtssicherheit Erfahrung in der Personalauswahl Spezialisierung auf Branchen	Sofortige hohe Produktivität Vermeiden von Fehlinvestitionen Service auf Top-Niveau

Erstellen Sie eine solche Sammlung von Stichworten zu Merkmal/Vorteil/Nutzen für alle für Sie relevanten Teilbereiche. Teilbereiche sind Kunden (siehe Beispiel), Bewerber, Argumente für die Zeitarbeit allgemein, Argumente für sich selbst als Person usw. Im nächsten Schritt formulieren Sie daraus Argumente, die entweder aus einem einzigen Satz oder bei komplexen Sachverhalten aus mehreren Sätzen bestehen. Hier einige konkrete Beispiele:

Beispiele

1. Ihr Kunde hat Ihnen gesagt, dass er besonderen Wert auf einen Ansprechpartner legt:
2. „Unser Unternehmen steht für persönliche Kundenbetreuung. *(Merkmal)* Das hat für Sie den Vorteil, dass Missverständnisse und Informationsstau

vermieden werden *(Vorteil)* und bedeutet gleichzeitig die Sicherheit von blindem Verständnis" *(Nutzen)*.

3. Ihr Kunde signalisiert Ihnen, dass er an einer langfristigen Zusammenarbeit interessiert ist:

4. „Wir bieten individuelle Lösungen für unsere Kunden. *(Merkmal)*. Das hat für Sie den Vorteil, dass wir all Ihre Wünsche und Prioritäten berücksichtigen *(Vorteil)*, was am Ende zu einer stabilen und partnerschaftlichen Zusammenarbeit führt" *(Vorteil)*.

5. Ihr Kunde hat Ihnen gesagt, dass er absoluten Wert auf eine verlässliche Planung der Projekte legt:

6. „Wir garantieren Ihnen eine schnelle Reaktionszeit. *(Merkmal)* In der täglichen Zusammenarbeit führt das zu einem zeitnahen und verlässlichen Feedback unsererseits *(Vorteil)* und bedeutet für Sie am Ende die Sicherheit und Wirtschaftlichkeit, die Sie Ihren Kunden gegenüber benötigen" *(Nutzen)*.

7. Ihr Neukunde legt Wert auf gute Fachkenntnisse der Bewerber im Elektrobereich:

8. „Wir sind inzwischen seit über 20 Jahren hier am Markt tätig. *(Merkmal)* Das hat für Sie den Vorteil, dass wir durch unseren hohen Bekanntheitsgrad einen wesentlich besseren Bewerberzulauf haben als viele unserer Wettbewerber. *(Vorteil)* Am Ende führt das zu einer sehr guten Produktivität der von uns überlassenen Mitarbeiter" *(Nutzen)*.

9. Ihr Kunde macht deutlich, dass er auf einen flexiblen Personaldienstleister Wert legt:

10. „Neben der klassischen Arbeitnehmerüberlassung bieten wir unseren Kunden auch die Dienstleistung der Personalvermittlung an *(Merkmal)*. Das hat den Vorteil, dass wir die komplette Jobbeschreibung und Vorauswahl für Sie übernehmen *(Vorteil)*, was am Ende zu einer deutlichen Kosten- und Zeitersparnis führt" *(Nutzen)*.

11. Ihr Kunde hat schlechte Erfahrungen mit unprofessionellen Dienstleistern gemacht:

12. „Wir sorgen für eine Top-Ausbildung unserer internen Mitarbeiter in allen relevanten Bereichen. Darüber hinaus haben wir spezialisierte Kollegen im Bereich Facharbeiter *(Merkmale)*. Der Vorteil für Sie ist eine hohe Rechtssicherheit *(Vorteil)* und darüber hinaus ein Top-Service zu jeder Zeit" *(Nutzen)*. ◄

Hier noch einige Beispiele zu weiteren Teilbereichen der Verhandlung.

Beispiele

- **Beispiele für die Zeitarbeit allgemein**
  - „Wir bieten eine kostenlose Übernahmemöglichkeit unserer Mitarbeiter nach einem Zeitraum von neun Monaten *(Merkmal)*. Das hat den Vorteil einer zusätzlichen Probezeit bzw. Testphase der überbetrieblichen Kollegen *(Vorteil)* und Sie vermeiden gleichzeitig eine teure Fehlinvestition in den falschen Mitarbeiter" *(Nutzen)*.
  - „Zeitarbeit ist immer günstiger als eine vergleichbare Festanstellung *(Merkmal)*, denn Sie bezahlen nur die reinen Produktivstunden *(Vorteil)*. Am Ende sparen Sie dadurch Geld und gewinnen an Flexibilität" *(zwei Nutzen)*.
- **Beispiele für Sie als Person**
  - „Ich arbeite inzwischen ... Jahre als Personaldisponent *(Merkmal)*. Für Sie hat das den Vorteil, dass ich sowohl den Bewerbermarkt als auch den Arbeitsmarkt sehr gut kenne *(Vorteil)*. Ich nehme Ihnen gerne an vielen Stellen die Arbeit ab, sodass Sie sich voll auf Ihr Kerngeschäft konzentrieren können" *(Nutzen)*.
  - „Ich bin mit Leib und Seele bei meinen Kunden und Mitarbeitern *(Merkmal)*, was für Sie den Vorteil von 100 % Fairness und Transparenz hat *(Vorteil)*. Ich garantiere Ihnen motivierte und produktive Mitarbeiter" (Nutzen).
- **Beispiele für Bewerber/Kandidaten**
  - „Wir bezahlen unsere Mitarbeiter übertariflich *(Merkmal)*. Das hat für Sie den Vorteil eines höheren Einkommens als in vielen konventionellen Arbeitsverhältnissen *(Vorteil)* und bedeutet am Ende Sicherheit und Lebensqualität" *(Nutzen)*.
  - „Wir bieten unseren Mitarbeitern attraktive Arbeitsplätze bei namhaften Kunden *(Merkmal 1)* oftmals verbunden mit der Chance auf Übernahme *(Merkmal 2)*. Für Sie hat das den Vorteil einer planbaren und berechenbaren Zukunft *(Vorteil)* und bedeutet gleichzeitig Motivation und Spaß im Job" *(Nutzen)*. ◄

Wie Sie sehen, ist diese Technik sehr vielfältig einsetzbar und einfach. Sie müssen sich lediglich der Merkmale, Vorteile und Nutzen bewusst werden, diese stichwortartig notieren und dann mit Ihren eigenen Worten ausformulieren. Wenn diese Formulierungen letztlich aus Ihrer Feder stammen, klingen Sie im Gespräch mit Kunden und Bewerbern auch authentisch, ehrlich und glaubhaft. Das Einzige, was Sie dafür benötigen, ist ein wenig Zeit.

Falls Sie befürchten, dass Sie sich all dies in der Praxis nicht merken können, dürfen Sie versichert sein, dass Sie in dem Moment, in dem Sie Ihre Argumente schriftlich festhalten, diese auch im Gedächtnis verankern. Sie werden erstaunt sein, wie schlagfertig und geübt Sie plötzlich reagieren.

Für geübte Verkäufer gibt es noch einen anderen Verstärker in der Argumentationstechnik: die Wiederholungs- oder Zustimmungsfrage! Diese Frage wird unmittelbar nach dem Argument gestellt, um entweder den Vorteil oder den Nutzen zu verankern. Hier zwei Beispielargumente zur Verdeutlichung:

Beispiele

„Wir sind inzwischen seit über 20 Jahren hier am Markt tätig *(Merkmal)*. Das hat für Sie den Vorteil, dass wir durch unseren hohen Bekanntheitsgrad einen wesentlich besseren Bewerberzulauf haben als viele unserer Wettbewerber *(Vorteil)*. Am Ende führt das zu einer sehr guten Produktivität der von uns überlassenen Mitarbeiter" *(Nutzen)*.

Wie wichtig ist Ihnen eine schnelle und hohe Produktivität Ihrer Zeitarbeitskräfte?

„Wir bieten eine kostenlose Übernahmemöglichkeit unserer Mitarbeiter nach einem Zeitraum von neun Monaten *(Merkmal)*. Das hat den Vorteil einer zusätzlichen Probezeit bzw. Testphase der überbetrieblichen Kollegen *(Vorteil)* und Sie vermeiden gleichzeitig eine teure Fehlinvestition in den falschen Mitarbeiter."

Wie wichtig ist Ihnen eine zusätzliche Probephase? ◄

Mit hoher Wahrscheinlichkeit werden Sie von Ihrem Kunden eine zustimmende Antwort erhalten. Aber Vorsicht! Diese Wiederholungsfragen sollten Sie nur dann stellen, wenn Sie wissen, dass Sie mit Ihrem Argument die Motivlage Ihres Gegenübers getroffen haben. Andernfalls stoßen Sie auf Ablehnung, und dann wird es schwierig, wieder positiv anzuknüpfen. Genau aus diesem Grund ist es so wichtig, dass Sie vorher die richtigen Motivfragen stellen und erst dann das passende Argument vorzutragen. Fazit:

▶   Argumentation heißt: Sage Deinem Kunden nicht nur was du tust, sondern *was er davon hat!* Genau das wird nämlich häufig vergessen.

Gute Argumente sind nicht nur am Telefon oder im persönlichen Gespräch wertvoll, sondern kommen vor allem auch schriftlich in Angeboten, Nachfassbriefen, in E-Mails und in Mitarbeiterprofilen verkaufsfördernd zur Geltung. Nicht zu vergessen ist die marketingwirksame Aufbereitung in Flyern, Broschüren und

Websites, abgestimmt auf die Zielgruppe und deren bekannteste Kaufmotive. Das Ganze hat drei Vorteile:

1. Menschen lernen bzw. speichern Informationen über fünf Sinneskanäle. Etwas zu lesen, ist dabei deutlich intensiver, als es nur zu hören. Sie verstärken also Ihr Argument durch den erneuten Einsatz auf allen Kommunikationskanälen.
2. Im Idealfall liest Ihr Kunde das Argument und stimmt innerlich zu. Er fühlt sich verstanden bzw. bestätigt. Er fühlt sich bei Ihnen „gut aufgehoben".
3. Wenn Ihr Kunde überzeugt ist, kann er Ihr Argument nutzen, um sich intern durchzusetzen, vor allem dann, wenn er nicht der alleinige Entscheider ist. Sie liefern ihm damit die „Munition", um seinen Vorgesetzten oder Kollegen zu überzeugen. Gleichzeitig haben Sie dadurch immer wieder einen Ansatzpunkt für weiterführende Gespräche.

Wie häufig sollten Sie Argumente in einem Gespräch oder Telefonat vorbringen? Leider sind gut vorgetragene Argumente eher die Ausnahme als die Regel und werden vom Kunden auch nicht immer als solche erkannt. Sie werden vermutlich niemals hören: „Lassen Sie das mit den Argumenten". Und schon gar nicht, wenn Sie damit ins Schwarze treffen. Trotzdem unser Rat: Übertreiben Sie es nicht! Für ein einstündiges Kundengespräch sollten maximal vier Argumente genügen, in Telefonaten hingegen haben Sie oftmals lediglich die Chance, ein bis zwei gute Argumente einzubauen.

Erstellen Sie sich einen eigenen Argumentekatalog, entweder im Team oder jeder für sich. Arbeiten Sie regelmäßig damit. Überlegen Sie vor jedem Telefonat oder Termin, welche Motivfragen Sie stellen wollen und welche Argumente passen könnten. Je intensiver Sie sich mit dieser Verhandlungsmethode auseinandersetzen, desto schneller können Sie diese authentisch abrufen und somit werden sich erste deutliche Erfolge zeitnah einstellen.

2.11   Abschlussvereinbarungen

Ganz egal, wie gut ein erstes Telefonat, ein persönliches Gespräch in der Akquise oder das Vorangebotsgespräch verläuft: Wenn Sie vergessen, am Ende eines Gesprächs die richtigen abschlussorientierten Fragen zu stellen, verlieren Sie unter Umständen das schon sicher geglaubte Geschäft. Insbesondere bei harmonisch und einvernehmlich geführten Gesprächen wird häufig die wichtigste Frage nicht gestellt wird: „Wie verbleiben wir jetzt?"

Warum? Wieso ist das ein immer wiederkehrendes Phänomen? In unseren Trainings bezeichnen wir uns Vertriebsleute gerne als eine Art „Glaubensgemeinschaft". Wir sagen eher: „ich glaube, dass", „ich meine, dass", „ich vermute", „hoffe", „schätze", „fühle", „denke" usw. Selten formulieren wir ganz konkret: „Ich weiß, dass der Kunde ein Potenzial von x aufzuweisen hat." Warum diese Unsicherheit, wenn wir doch alle Vorarbeiten gründlich erledigt haben?

2.11.1 Rückversicherung

Oft liegen wir mit unserem Gefühl richtig. Es kann aber passieren, dass wir mit unseren Annahmen völlig falsch liegen, uns eine Vorstellung von einer Sache machen, die unser Gegenüber gar nicht teilt. Nutzen Sie weiterhin Ihr Bauchgefühl, geben Sie Einschätzungen ab und bauen Sie eine emotionale Ebene zum Kunden auf; es sind sehr wichtige Erfolgsbausteine im Vertrieb. Das allein ist aber nicht ausreichend, um strategisch und effizient seinen Vertriebsaktivitäten nachzugehen. Verharren Sie nicht im Glauben oder Gefühl, dass das Gespräch gut war und der Kunde sich schon melden wird, sondern holen Sie sich klare Erkenntnisse und Transparenz über das Potenzial, über die Möglichkeiten des Kunden und sein Ja zur langfristigen Zusammenarbeit. Andernfalls laufen Sie Gefahr, gute Chancen und somit Wettbewerbsvorteile ungenutzt zu lassen und langfristig Geschäftsabschlüsse zu verlieren, da Ihre eigenen Aktivitäten rein auf Vermutungen, statt auf klarem Wissen basieren.

In der Personaldienstleistungsbranche haben Sie sehr viele Mitbewerber; alle akquirieren regelmäßig und viel. Selbst wenn Sie ein höchst positives Gespräch geführt haben, verblasst dieser Eindruck beim Kunden, sobald Sie aus der Tür sind. Denn der nächste Personaldienstleister wartet schon.

Der Psychologe Hermann Ebbinghaus stellte bereits vor 100 Jahren fest, dass nach nur einem Tag weniger als 50 % der gehörten Argumente noch präsent sind – mit weiter abnehmender Tendenz. Es stellt sich eine sogenannte „Vergessenskurve" (vgl. Pflug o. J.) ein. Für Ihren professionellen Auftritt und eine nachhaltige Wirkung sind deshalb die in Abschn. 2.10 erläuterten Maßnahmen unerlässlich.

2.11.2 Professionelle und faire Abschlussvereinbarungen

Abschlusstechniken, die manipulativ oder suggestiv sind, verhelfen möglicherweise zu kurzfristigen Erfolgen, sind aber niemals zukunftsorientiert. Wenn Sie längerfristig mit einem Kunden zusammenarbeiten wollen, sollten Sie als professioneller Personaldisponent drei faire und wichtige Maßnahmen beim Abschluss eines Akquisegesprächs nutzen:

1. Stellen Sie Fragen am Ende des Akquisegesprächs.
2. Verfassen Sie eine schriftliche Zusammenfassung für die Kontaktaufnahme im Anschluss.
3. Treffen Sie klare Vereinbarungen.

Stellen Sie Ihrem Kunden die Frage, wie er das Gespräch empfunden hat und holen Sie seine Meinung noch vor Ort ein. Wenn er zögert oder zu höflich ist, fragen Sie ihn direkt, was er in diesem Gespräch vermisst hat.

Beispiel

PD:	„Vielen Dank für Ihre interessanten Informationen. Haben Sie noch Fragen an mich?"
Kunde:	„Nein, vielen Dank. Im Moment fällt mir nichts mehr ein."
PD:	„Wäre es möglich, jetzt noch eine kurze Betriebsbesichtigung zu machen?"
Kunde:	„Oh, das tut mir leid. Auf mich wartet ein Bewerber. Vielleicht das nächste Mal."
PD:	„Ja, sehr gerne. Wie hat Ihnen denn unser Gespräch gefallen?"
Kunde:	„Gut."
PD:	„Mir auch und ich bin mir sicher, wir arbeiten gut zusammen. Welche Chance sehen Sie für eine Zusammenarbeit noch in diesem Jahr?"

Bestätigen Sie sämtliche telefonischen Kontakte oder persönlich geführten Gespräche im Nachgang schriftlich. Dadurch vermitteln Sie Kompetenz und Sicherheit. Gleichzeitig haben Sie den Vorteil, dass das gute Gefühl beim Kunden auch dem richtigen Zeitarbeitsunternehmen und vor allem der richtigen Person zugeordnet wird. Wie bereits beschrieben, werden unsere potenziellen Kunden und Ansprechpartner häufig auch von anderen Personaldienstleistern frequentiert, und so können Sie sich von Anfang an positiv durch Ihre professionelle Vorgehensweise unterscheiden.

Vereinbaren Sie mit dem Kunden einen klaren Zeitpunkt, wann Sie sich wieder melden bzw. die Zusammenarbeit startet. Hierzu finden Sie auch in Kap. 3 weitere Informationen.

Uns ist bewusst, dass das Thema Fragetechnik Begeisterung, aber auch Bedenken auslösen kann. Begeisterung über die Vielfalt an Lösungsvorschlägen und

Möglichkeiten, Fragen zu formulieren. Oder darüber, wie Sie Reaktionen beim Ansprechpartner bewusst auslösen können. Bedenken aufgrund der Häufung der Fragen und der daraufhin möglichen Abwehrhaltung des Kunden. Wir sind überzeugt, dass Ihr Kunde positiv reagieren wird, wenn Sie die vorgeschlagene Vorgehensweise und die Fragebeispiele nutzen. Er merkt sich, dass die Voraussetzung für eine gute Kommunikation mit Ihnen gegeben ist und dass Sie ein ehrliches und aufrichtiges Interesse an seiner Person und an dem möglichen Mehrwert durch Ihre Dienstleistung haben.

2.12   Vertriebsnachbereitung

Wie bereits erläutert, hängt Ihr Erfolg hauptsächlich von tiefer gehenden Fragen ab, wie beispielsweise den bisherigen Erfahrungen des Zielkunden mit Zeitarbeit. Stellen Sie sicher, dass Sie spätestens nach dem ersten Besuchstag so viel wie möglich über das potenzielle Kundenunternehmen in Erfahrung gebracht haben. Sie müssen wissen, wie groß das jeweilige Kundenunternehmen ist, welche Entscheidungswege dort üblich sind und vieles mehr. Bestenfalls können Sie fast alle Fragen, die wir Ihnen mit den Checklisten zur Verfügung gestellt haben, beantworten. Mit diesem Wissen können Sie

- Ihrem Kunden ein individuelles Angebot unterbreiten und sich von Ihren Mitbewerbern positiv unterscheiden.
- Gute Argumente für Preisverhandlungen vorbereiten.
- Ihren Kandidaten gut im Gedächtnis des Kunden verankern.
- Die Bedürfnisse des Kunden richtig erkennen und darauf reagieren.
- Langfristig ein Partner auf Augenhöhe sein, der sich immer wieder flexibel auf die Situation des Kunden einstellen kann.

Letzten Endes entscheiden Sie aufgrund all der Antworten, ob Sie überhaupt mit dem Unternehmen ins Geschäft kommen wollen. Das Ergebnis Ihrer Nachbereitung zeigt Ihnen klar auf, wie intensiv Sie sich weiter mit dem Unternehmen beschäftigen möchten: Möglicherweise sparen Sie viel Zeit, wenn Sie erkennen, dass dieser Kunde und Sie nicht zusammenpassen. Dann haben Sie Kapazität, um sich auf erfolgversprechendere Projekte zu konzentrieren.

Mithilfe der Antworten, die Sie aufgrund Ihrer Vorarbeit und im Gespräch erhalten haben, beginnen Sie nun mit der intensiven Nachbearbeitung mit folgenden Schritten:

Vertriebsnachbearbeitung im Überblick

Teil 1

Besprechung des Vertriebstages mit dem Kollegen/Vorgesetzten

Teil 2

1. Wie sind die Organisationsstrukturen?
2. Wer ist der richtige Ansprechpartner für uns?
3. Wer entscheidet über den Einsatz von Zeitarbeit in den jeweiligen Bereichen?
4. Adressen/Firmierungs-Check.
5. Was wird produziert?
6. Wer sind die Kunden?
7. Mit welchem Wettbewerb arbeitet das Unternehmen bisher zusammen?
8. Markttendenzen der Branche?
9. Empfehlungen/Referenzen bei bestehenden Kunden einholen.
10. Wie werden Personalengpässe/Auftragsengpässe gelöst?
11. Welche Erfahrungen hat der Interessent bisher mit Personaldienstleistern gemacht?
12. Worauf legt der Kunde bei einer Zusammenarbeit besonderen Wert, was ist ihm wichtig bzw. was hat er bisher vermisst?
13. Welche Anforderungen stellen Sie an die Ansprechpartner?
14. Betriebsgröße?
15. Welche saisonalen Spitzen gibt es?
16. Zu welchem Konzern gehört das Unternehmen? Gibt es Rahmen- und/oder Bonusverträge?
17. Frage nach der Rechnungslegung?
18. Welche Anforderungen stellt das Unternehmen an seine Mitarbeiter?
19. Sicherheitsvorschriften oder Arbeitskleidung notwendig?
20. Wie sind die Arbeitszeiten?
21. Welche Qualifikationen werden benötigt?
22. Unternehmenszweck?
23. Wer ist der richtige Ansprechpartner für Zeitpersonal?
24. Wie viel Kontakt wünscht der Kunde?

Teil 3

1. Pflege/Eingabe der Daten in die EDV.
2. Weiteres Vorgehen planen! Kontaktkettendenken.
3. Wiedervorlage setzen! („6-in-8-Konzept")
4. Versprochenes einhalten.
5. Gesprächsinhalte schriftlich zusammenfassen und dem Kunden per Mail oder Brief schicken (Nachfassbriefe und Nachfass-E-Mails werden sehr wertgeschätzt).
6. Angebot individuell erstellen und die Prioritäten des Kunden aus dem Gespräch einbauen.
7. Klare Terminvereinbarung/WV mit dem Kunden: Habe ich das im Gespräch geklärt? (erleichtert das Nachfassen)
8. Angebot erstellen und gegebenenfalls nochmals persönlich zum Kunden bringen.
9. Aktives Anbieten von zum Beispiel Referenzen.
10. Entscheidung über die Klassifizierung des Kunden und das weitere Vorgehen.

In den nächsten Kapiteln werden Sie sehen, dass sich die Themen Abschlussvereinbarungen und Nachbearbeitung wie ein roter Faden durch den Vertriebsprozess ziehen. Darin ähneln sich die Vertriebsabläufe in allen Unternehmen. In der Zeitarbeit sind sie jedoch essenziell, weil Sie es mit zwei Gruppen von Klienten zu tun haben: mit den Firmen und mit Ihren Zeitarbeitskräften. Sie vermitteln zwischen zwei Partnern und übernehmen damit eine große soziale Verantwortung. Diese besondere Situation wird vor allem bei der Annahme von Anfragen und Aufträgen sichtbar. Der richtige Umgang damit spiegelt das tatsächliche Interesse wider, gleichzeitig für Ihren Kunden und Ihren Mitarbeiter, die optimale Lösung finden zu wollen.

Wir werden deshalb in Kap. 3 auf diesen Teil des Vertriebsprozesses eingehen. Sie werden schnell erkennen, wie viel Umsatzpotenzial Sie in dieser Phase nutzen können und dass Sie Ihre Verkaufschancen erhöhen oder eben minimieren, wenn Sie eine Frage zu wenig gestellt haben.

Literatur

Ebbinghaus H (1885) Über das Gedächtnis. Untersuchungen zur experimentellen Psychologie. Duncker & Humblot, Leipzig

Pflug K (o. J.) Vertriebslexikon. http://www.vertriebslexikon.de/vergessenskurve.html. Zugegriffen am 18.02.2021

Verdoppelung der Umsätze zum Nulltarif

3

Zusammenfassung

Einer der entscheidendsten Erfolgsfaktoren in der Personaldienstleistung ist ein optimiertes Zeitmanagement. Im Tagesgeschäft verliert jedoch ein Niederlassungsteam oft wertvolle Zeit, weil die Prozesse nach Auftragseingang nicht effektiv und auch nicht aufeinander abgestimmt sind. Die Ernsthaftigkeit einer Anfrage prüfen ist einer von fünf Bereichen, in dem nicht genutzte Umsatzpotenziale schlummern. In diesem Kapitel widmen wir uns daher u. a. dem Anfragemanagement und der Angebotsverfolgung.

Das Tagesgeschäft in der Zeitarbeit ist stark durch Vertriebsaktivitäten geprägt und die Personaldisponenten leben Vertrieb in jedem Prozessschritt. Meist liegt der Fokus dabei auf Akquisetätigkeiten: auf der Gewinnung von neuen Kunden und Mitarbeitern. Die Schlagzahl ist hoch, die Qualität der Umsetzung ist allerdings noch steigerungsfähig. Viele Gründe dafür haben wir uns bereits angesehen.

Bei einer Analyse der Effizienz der Vertriebsprozesse und des Zeitmanagements finden Sie erhebliche Optimierungsmöglichkeiten: Zum Beispiel jagen Personaldisponenten im hektischen und fremdgesteuerten Tagesgeschäft oft scheinbar lu-

Ergänzende Information Die elektronische Version dieses Kapitels enthält Zusatzmaterial, auf das über folgenden Link zugegriffen werden kann https://doi.org/10.1007/978-3-658-33640-0_3. Die Videos lassen sich durch Anklicken des DOI Links in der Legende einer entsprechenden Abbildung abspielen, oder indem Sie diesen Link mit der SN More Media App scannen.

krativen Anfragen hinterher, die sich bei genauerer Betrachtung als unattraktiv herausstellen. Dabei gibt es eine Reihe vielfach ungenutzte Umsatzpotenziale, die wir „die verborgenen Schätze in der Personaldienstleistung" nennen. Wenn Sie in den folgenden sechs Bereichen Ihre Fehler ausfindig machen und beheben, können Sie Ihre Umsätze und Erträge ohne Mehraufwand erheblich steigern:

- bei der Entgegennahme von Anfragen,
- beim Bewerbermanagement,
- bei der Angebotsgestaltung,
- bei der Gestaltung von Mitarbeiterprofilen
- beim Nachfassen von Unterlagen und Angeboten,
- in der Preisverhandlung.

3.1   Optimierte Auftragsannahme in der Zeitarbeit

Wenn bei einem Personaldienstleister Anfragen eingehen, erfolgt meist eine starke Konzentration auf die Besetzung des Auftrags, doch wichtige Rahmenbedingungen werden häufig außer Acht gelassen. Abgefragt werden meistens folgende Punkte:

- die geforderte Qualifikation des Kandidaten an sich (das Stellenprofil kommt in der Regel vom Kunden),
- Start und voraussichtliches Ende der Überlassung,
- persönliche Schutzausrüstung und die notwendigen Gesundheitsuntersuchungen für die Mitarbeiter bei Einsätzen im gewerblich-technischen Bereich.

Bei der Auftragsannahme kommt es ganz wesentlich darauf an, dass Sie sowohl Ihrem Bestands- wie auch Ihrem potenziellen Neukunden Sicherheit und Wertschätzung vermitteln, denn Fachkompetenz setzt er ohnehin voraus. Nach dem Gespräch muss der Kunde im Idealfall das Gefühl haben, dass Sie ihm eine Lösung anbieten und er sich die Suche eines weiteren Dienstleisters sparen kann. Diese Erwartungshaltung können Sie dann erfüllen, wenn Sie detaillierte Informationen gleich bei der Auftragsannahme einholen. Gehen Sie nicht stillschweigend davon aus, dass der Kunde für Ihre Fragen keine Zeit hat und genervt reagieren wird. Die Erfahrung zeigt, dass genau das Gegenteil der Fall ist. Das in Abschn. 3.1.1, 3.1.2 und 3.1.3 beschriebene Anfrageverhalten erhöht die Kundenbindung und steigert Ihre Wettbewerbsfähigkeit und Ihre eigene Arbeitszufriedenheit.

3.1.1 Wer sind die richtigen Ansprechpartner?

Wir gehen bei der Auftragsannahme oft davon aus, dass wir mit dem Entscheider sprechen und versäumen es, dies genauer zu hinterfragen. Infolgedessen richten wir unser Angebot an diese Person und tragen den Namen in unser EDV-System ein. Nun gehen künftig alle Mailings und weitere Aktionen an diesen ersten Ansprechpartner. Dadurch verschlechtern sich die Chancen auf eine langfristige Kundenbindung, Sie verlieren einen wichtigen Informationsvorsprung gegenüber dem Wettbewerber und Ihre Argumentationsgrundlage für alle weiteren Gespräche fehlt im schlimmsten Fall. Der Grund liegt in der starken Differenzierung der Funktionen und Befugnisse unserer Kunden. Also müssen Sie vor Bearbeitung der eingetroffenen Anfrage immer klären:

- Wer ist gerade mein Kommunikationspartner?
- Wer ist der verantwortliche Entscheider in diesem Unternehmen?
- Welche Aufgabe hat er und wie kann ich ihn darin unterstützen?
- Wo sitzt sein „Schmerz"? (Stichwort Kaufmotive)

Mit dieser Information können Sie den weiteren Vertriebsprozess während und nach Beendigung des Gespräches effizienter und erfolgsorientierter steuern, denn folgende Praxisbeispiele zeigen den Unterschied:

Beispiele

Ihr Ansprechpartner ist der verantwortliche Entscheider für das Thema Zeitarbeit
Dieses Wissen ermöglicht es, noch weitere Fragen zum Unternehmen in Bezug auf den Stellenwert der Zeitarbeit zu stellen. Gleichzeitig sollten Sie nach der Auftragsannahme, nach weiteren Ansprechpartnern (Abteilungen, Personalvermittlung etc.) forschen. Sie erhöhen Ihre Chancen, wenn Sie auch die Fachabteilung des Kundenunternehmens als Ihren Gesprächspartner mit einbinden. Deren Wissen über die zu besetzende Stelle ist für Sie äußerst wertvoll, um im weiteren Verlauf einen anderen Entscheidungsdruck aufzubauen oder um die Unterlagen richtig nachzufassen und wertvolle Zeit zu gewinnen. Darüber hinaus erhalten Sie eine optimale Grundlage für Cross-Selling-Aktivitäten und eine Transparenz des Gesamtumsatzpotenzials.
Ihr Ansprechpartner ist nicht der verantwortliche Entscheider
Hier müssen Sie klären, wie viel Einfluss Ihr Ansprechpartner auf den weiteren Entscheidungsprozess im Unternehmen hat und wie gut Ihre Chancen auf

ein Gespräch mit der Zielperson sind? Wenn der aktuelle Partner lediglich vorab Informationen einholt und Ihre Fragen kaum beantworten kann, halten Sie sich mit Aussagen und Angeboten zurück. Ihr Ziel muss es sein, serviceorientiert und höflich das Gespräch mit dem Entscheider zu suchen.

PD:	„Sind Sie dann weiterhin mein Ansprechpartner für das Thema Zeitarbeit in Ihrem Hause?"
Kunde:	„Nein, das bin ich nicht. Ich soll lediglich Informationen einholen."
PD:	„Wer ist alles in den Entscheidungsprozess miteinbezogen?"
Kunde:	„Unser Geschäftsführer. Wie gesagt, mehr Angaben kann ich Ihnen im Moment nicht geben."
PD:	„Um Ihnen ein professionelles Angebot unterbreiten zu können, benötige ich noch weitere Angaben. Wie können wir denn da am besten gemeinsam vorgehen?"

In der Praxis ist es vielfach schwierig, an die eigentlichen Entscheider wie Fachabteilungs- oder Betriebsleiter etc. heranzukommen. In diesen Fällen müssen Sie sicherstellen, dass Ihr Ansprechpartner von Ihrem Angebot überzeugt ist und zu einem Fürsprecher Ihrer Dienstleistung wird. Entscheidend ist hier das klare Wissen vor der Angebotsabgabe, dass Ihr Ansprechpartner eben nicht der Entscheider, sondern unter Umständen nur ein „Beeinflusser" und „Unterstützer" in den internen Entscheidungsprozessen ist. So vermeiden Sie Überraschungen und Verzögerungen beim Nachfassen von Angeboten und Unterlagen. ◄

Wie lange ist die Stelle bereits unbesetzt?
Das ist eine wichtige Frage für Sie und für den vorgesehenen Bewerber, denn sie bestimmt Ihre Prioritäten bei der weiteren Vorgehensweise und Ihr Zeitmanagement. Geprägt durch das klassische schnelllebige Zeitarbeitsgeschäft gehen viele Personaldisponenten bei einer eingehenden Anfrage davon aus, dass die Stelle gerade eben ausgeschrieben wurde. Machen Sie sich schlau, denn es macht einen großen Unterschied, ob der Wettbewerb bzw. der Kunde selbst schon bereits länger sein Glück versucht, die Stelle noch besetzt oder neu ausgeschrieben und im schlimmsten Fall seit Monaten verwaist ist (s. Abb. 3.1).

Warum müssen Sie das unbedingt wissen?
Wenn eine Stelle neu geschaffen wird, lassen sich Unternehmen mehr Zeit bei der Auswahl von Bewerbern. Sie allerdings gehen vermutlich davon aus, dass die Stelle sofort besetzt werden muss, und setzen alle Hebel in Bewegung, um einen

Abb. 3.1 Video Anfragemanagement (▶ https://doi.org/10.1007/000-2g9)

geeigneten Kandidaten zu finden. Wenn Sie wissen, dass eine neue Stelle besetzt werden soll, steht Ihnen meist mehr Zeit zur Verfügung, um passende Kandidaten zu finden, auszuwählen und vorzustellen. Auch für den Bewerber ist diese Information interessant, denn er möchte schließlich wissen, wie schnell er ein Feedback erhält und wie lange es dauern wird, bis die Zu- oder Absage des Kunden voraussichtlich kommen wird. Das Urteil des Kandidaten über die Attraktivität Ihres Hauses hängt maßgeblich davon ab, wie transparent Sie diese Informationen vermitteln.

War bereits ein Mitbewerber beauftragt und dessen Bewerber hat zum Beispiel kurzfristig abgesagt, können Sie bei großem Zeitdruck auf der Kundenseite auch einen Kompromisskandidaten empfehlen. Wenn weder das Kundenunternehmen noch Ihre Mitbewerber die Stelle besetzen konnten, sollten Sie herausfinden, welche Rekrutierungswege bereits genutzt wurden. Es könnte sein, dass in der Anzeige bei der Stellenbeschreibung selbst ein Fehler war. Dann können Sie hier Ihre ganze Erfahrung einbringen, um diesen Weg anders zu beschreiten. Fragen Sie deshalb den Kunden, woran es seiner Meinung nach lag, dass die Besetzung bisher scheiterte. Für Sie ergeben sich dadurch neue Lösungsmöglichkeiten, wie zum Beispiel das Angebot von Weiterbildungsmaßnahmen in Verbindung mit Einarbeitungszugeständnissen. Wenn Sie wissen, dass diese Qualifikation nicht zu finden und der Markt leer gefegt ist, können Sie zeitnah absagen und Ihre Kraft anderen Anfragen widmen.

3.1.2 Was außer dem Stellenprofil ist noch wichtig?

Es besteht kein Zweifel daran, dass Ihr Bewerber die im Stellenprofil geforderten Qualifikationen erfüllen sollte. Aber mit welcher Priorität und in welcher Ausprägung? Und welche weiteren Details könnten für die Suche nach einem geeigneten Kandidaten von Bedeutung sein? Wie würde beispielsweise der Tagesablauf Ihres Mitarbeiters in diesem Unternehmen aussehen?

Diese und ähnliche Informationen eröffnen Ihnen einen Blick für die Eignung über die reinen Qualifikationen Ihres Mitarbeiters/Bewerbers hinaus. Sie können das Unternehmen viel besser einschätzen und Ihren Kandidaten wesentlich besser auf das Unternehmen bzw. den Vorstellungstermin einstimmen. Außerdem hilft Ihnen diese Information, um eine effizientere Kandidatenauswahl zu treffen und dieses Wissen bedarfslenkend in die Profil- und Angebotsgestaltung aufzunehmen, was Ihre Verkaufschancen erhöht.

Während der Anfrage bieten sich viele Möglichkeiten, um Informationen zu gewinnen. Mit der nachfolgenden Checkliste „Auftragsannahme" geben wir Ihnen weitere offen formulierte Fragen an die Hand, die Ihnen folgende Vorteile verschaffen:

- Sie erhalten eine bessere Grundlage für die Auswahl von passenden Kandidaten.
- Sie schaffen die optimale Voraussetzung für Ihre Argumentationen und Preisverhandlungen.
- Sie gewinnen höhere Transparenz der Entscheidungswege im Kundenunternehmen.
- Sie können Ihr Zeitmanagement effektiver gestalten und Anfragen und Aufträge besser priorisieren.
- Sie haben die Chance, Ihre Datensätze in der EDV hinsichtlich Entscheider und Ansprechpartner konsequent und korrekt zu pflegen.
- Sie verbessern die Kommunikation zwischen Kollegen und Niederlassungen, da die vielen Informationen (gepflegt in der EDV) eine einheitliche Vorgehensweise unterstützen.
- Sie sparen Zeit und Mühe bei der Einarbeitung neuer Kollegen.
- Sie können Ihre Schnittstellen innerhalb und außerhalb der Niederlassungen optimieren.
- Sie beeinflussen die Wahrnehmung durch den Kunden positiv. Er wird Sie als Berater statt Beschaffer sehen.
- Wer die richtigen Fragen stellt, wirkt fachkompetent und selbstbewusst.
- Sie haben die Chance, sich gegenüber dem Wettbewerb professionell zu positionieren.

Diese Checkliste hat sich in der Praxis bewährt und trägt bei unseren Kunden zu erheblichen Qualitätssteigerungen und Verbesserungen im Vertriebsprozess bei.

Checkliste: Auftragsannahme unter Einbeziehung der neuen rechtlichen Veränderungen

Vielen Dank für Ihre Anfrage. Wie sind Sie denn auf unser Unternehmen aufmerksam geworden?

Oder:

Vielen Dank für Ihre erneute Anfrage! Ich freue mich sehr, dass Sie an uns denken.

1. Wann wird der Auftrag konkret? Wann soll es losgehen?
2. Wann fällt die Entscheidung?
3. Wie läuft die Entscheidung intern ab?
4. Wer schaut alles über die Unterlagen?
5. Wie genau sieht das weitere Auswahlverfahren aus?
6. Worauf legen Sie bei der Stellenbesetzung/dem Auftrag besonderen Wert?
7. Sind Sie tarifgebunden?
8. Welcher Branche gehören Sie an?
9. Wie ist die Stelle dotiert?
10. Bis wann soll die Stelle spätestens besetzt sein?
11. Wie lange ist die Stelle schon unbesetzt?
12. Aus welchem Grund wird diese Stelle neu besetzt?
13. Wer ist der Vorgesetzte?
14. Wie ist das Team zusammengesetzt?
15. Wie muss ich mir den Tagesablauf meines Mitarbeiters vorstellen?
16. Welchen Aufgaben sind damit verbunden?
17. Welche Medien haben Sie bisher zur Mitarbeiterrekrutierung genutzt?
18. Inwieweit ist der Betriebsrat in die Entscheidung mit einbezogen?
19. Sind Sie langfristig mein Ansprechpartner/der verantwortliche Entscheider?
20. Wie kann ich Sie noch unterstützen?
21. Wie intensiv haben Sie in der Vergangenheit auf Personaldienstleistern zurückgegriffen?
22. Wer außer Ihnen greift in Ihrer Firma noch auf externe Unterstützung in der Rekrutierung zurück?

23. Wie lange ist die durchschnittliche Überlassungsdauer in Ihrem Unternehmen?
24. Welche Budgetgröße ist zu/muss ich berücksichtigen? (Zweck: Vermeiden von Preisverhandlungen beim Nachfassen des Angebotes.)
25. Wie ist bei Ihnen bisher das Thema Zeitarbeit in Ihrem Unternehmen geregelt?
26. Wo müssen wir preislich liegen, damit unser Angebot eine Chance hat? (Bei Fachkräfteanfragen würden wir das nicht fragen, denn hier entscheidet die Gehaltsvorstellung des Mitarbeiters, bei Anfragen Anlernkräfte empfehlen wir es jedoch im Sinne der optimalen Preisfindung ausdrücklich.)
27. Sie sollten dem Kunden erklären, dass Sie generell erst nach Arbeitsplatzbesichtigung/nach einem persönlichen Gespräch ein individuell auf den Kunden abgestimmtes Angebot abgeben können. Daher fragen Sie: „Wir haben eine klare Anweisung der Geschäftsführung, vor Angebotsabgabe eine Arbeitsplatzbesichtigung durchzuführen. Wann kann ich vorbeikommen?"
28. Das Angebot liegt Ihnen vor bis xx.xx.xx

Des Weiteren gibt es folgende Punkte abzustimmen:

1. Für wann kann ich mir das Angebot auf Termin legen?
2. Wann können wir das Angebot gemeinsam durchgehen? Wann sprechen wir uns wieder?
3. Sie haben erwähnt, dass der Einsatz am … starten soll?
4. Oder: Sie benötigen bis … das entsprechende Personal?
5. Bei einer Zusage des Auftrages bis … kann ich Ihnen den Einsatz von … gewährleisten.
6. Benötige ich eine Vorlaufzeit von …, damit ich den Auftrag entsprechend den Vereinbarungen besetzen/erfüllen kann etc.

Angebot geschickt am/durch:
Nachfassen/Wiedervorlage am:
Gesprächstermin am:
Arbeitsplatzbesichtigung am:

▶ **Noch ein Tipp** Bitte vergleichen Sie diese Vorgehensweise mit Ihrer bisherigen und suchen Sie sich im ersten Schritt drei bis vier Fragen aus, die Sie künftig stellen werden. Sie werden schnell erkennen, dass Ihnen die neue Vorgehensweise einen Mehrwert bietet. Im Laufe der Zeit können Sie nach und nach das für Sie optimale Anfrageverhalten entwickeln, noch mehr Fragen einbauen und sich kontinuierlich verbessern.

Diese Checkliste dient als Ergänzung zu den häufig bereits verwendeten Formularen. Fragen nach der Qualifikation, den Arbeitszeiten und SGU Themen haben wir bewusst weggelassen – diese sind Standard.

3.1.3 Effizienzsteigerung durch optimiertes Anfrage- bzw. Auftragsverhalten

Zeitarbeitsunternehmen erhalten regelmäßig von Kunden und Interessenten Anfragen per Mail. Den Grund dafür kennen Sie. Diese E-Mails treffen in diesem Augenblick bei mindestens fünf weiteren Mitbewerbern ein. Was dann passiert, ist kurios: Die Zeitarbeitsbüros liegen fast brach, weil sich das komplette Team der Niederlassung auf die eine Anfrage stürzt und alles dafür unternimmt, um diese zu besetzen. Ohne vorab zu klären, wie gut die Chancen für eine Auftragsbesetzung überhaupt stehen, wird viel Zeit und Geld investiert und meist auch verschwendet. Dann wird intensiv nach einem „Astronauten" Ausschau gehalten – einer Qualifikation, die Sie derzeit nicht anbieten können. Alternativ wird ein Profil zu einem Bewerber verfasst, der definitiv nicht vermittelt werden kann.

Wir raten Ihnen dringend, bei solchen Massenanfragen nicht mit Standardangeboten oder Standardmails zu antworten. Festigen Sie stattdessen Ihre Kundenbindung so, dass Ihr Ansprechpartner Sie künftig persönlich über Vakanzen informiert. Wie Sie das schaffen? Das gelingt nur über das Vertrauen in Ihre Dienstleistung und in Ihre Person.

Auf schriftliche Anfragen sollten Sie generell nicht per Mail reagieren, sondern den Kunden sofort anrufen und vor dem Versenden von Angeboten, Profilen oder sonstigen Unterlagen ein ausführliches Gespräch anhand der in der Checkliste „Auftragsannahme" aufgelisteten Fragen führen. Informieren Sie sich kurz mithilfe Ihrer EDV über die Kundenhistorie und nutzen Sie gegebenenfalls das Internet zum Einholen weiterer Informationen. Überlegen Sie sich genau, welche Informationen Sie benötigen und welche Fragen Sie stellen müssen.

Ihre Aufgabe ist es, Bewerber und offene Stellen innerhalb kürzester Zeit abzugleichen und zu „matchen". Dabei sind kurze Reaktionszeiten und die optimale

Kenntnis beider Seiten Voraussetzung für Ihren Erfolg. Für Personaldienstleister wird das Anbieten attraktiver Arbeitsplätze künftig noch mehr der Schlüssel zum Erfolg werden. Also denken Sie an Ihr Image als Arbeitgeber, denn das zählt heute mehr denn je.

Wenn Sie auf diese Weise professionell vorgehen, verschaffen Sie sich einen Wettbewerbs- und auch einen zeitlichen Vorsprung gegenüber Ihren Mitbewerbern. Und Professionalität stärkt das Vertrauen des Kunden in Sie und den Glauben, dass Sie der richtige Partner sind. Vereinbaren Sie mit Ihrem Ansprechpartner einen festen Termin für das Nachfassen und besprechen Sie die weitere Vorgehensweise. Wenn Sie dies versäumen, kann Ihre Erfolgsbilanz ins Negative umschlagen und Ihr eigenes Zeitmanagement gerät in Gefahr. Denn wenn Sie diesen Auftrag nicht aktiv oder in der vom Kunden gewünschten Weise verfolgen, kann sehr viel passieren:

• Der Kunde entscheidet sich in der Zwischenzeit für jemand anderen.
• Sie haben von Ihrem Ansprechpartner nicht alle wichtigen Details von der Fachabteilung erhalten.
• Es kam zu Missverständnissen hinsichtlich der Preisgestaltung oder auch der Qualifikation.
• Die Anfrage bei Ihnen und Ihr Angebot sollten nur dazu dienen, den bestehenden Dienstleister des Kunden im Preis zu drücken.

Sie sollten grundsätzlich und immer die Ernsthaftigkeit der Anfrage prüfen. In diesem Prozessabschnitt haben sich folgende Fragen bewährt:

• An wie viele Personaldienstleister wurde die Anfrage geschickt?
• Wann kann ich mir persönlich den Arbeitsplatz anschauen?
• Wann können wir zeitnah gemeinsam die Stellenbeschreibung durchsprechen?
• Wie viele Bewerber haben Sie bereits in der engeren Auswahl?
• Wie schätzen Sie unsere Chancen auf eine Zusammenarbeit ein?
• Wenn wir den geeigneten Mitarbeiter haben, wann kann dieser dann starten?

3.2 Kurze Reaktionszeiten durch ein professionelles Bewerbermanagement

Meistens erfolgen die klassischen Anfragen in der Zeitarbeit unter Zeitdruck, weil zum Beispiel ein Mitarbeiter zur Krankheitsvertretung gesucht wird. In solchen Fällen ist schnelles Handeln erforderlich, denn der Kunde hat hohe Erwartungen in Bezug auf die zeitnahe Rückmeldung. Anders in der Personalvermittlung: In diesem Fall werden Einstellungen von neuen Mitarbeitern meist längerfristig geplant. Daher ist es wichtig, auf folgende Punkte zu achten:

- Führen Sie gemäß dem Leitfaden in Abschn. 5.2.1 einen Quick-Check zur besseren Einschätzung des Bewerbers durch.
- Schaffen Sie Ordnung in Ihrem Outlook-Kalender, zum Beispiel legen Sie Unterordner in Ihrem Posteingang bzw. im Dateisystem Ihres Computers an (Bewerbungseingänge), die Sie priorisieren und kontinuierlich aktualisieren. Oder nutzen Sie Recruiting- und Bewerbermanagementsysteme. Hier werden von der Stelle, über die Bewerbererfassung bis hin zum Personalangebot sämtliche Prozesse zeitarbeitsoptimiert abgebildet. Alle Funktionen sind auf die Anforderungen der Branche ausgerichtet und verfolgen das Ziel der effizienten und schnellen Personalgewinnung.
- Entscheiden Sie sofort nach dem Lesen bzw. spätestens nach dem Bewerbungsgespräch, wie sehr Sie an dem Kandidaten interessiert sind.
- Sagt Ihr Bauch nein, sagen Sie dem Bewerber bitte höflich, zeitnah und korrekt ab.
- Der schlechte Ruf von Zeitarbeitsfirmen kommt auch daher, dass die Bewerber permanent vertröstet werden oder gar nichts mehr hören.

Wenn Sie während des Bewerbungsgespräches der Überzeugung sind, Ihre Firma und der Kandidat passen (aus welchen Gründen auch immer) nicht zusammen, sprechen Sie es aus und sagen Sie nein zur Einstellung. In der Praxis haben Sie durch diese Vorgehensweise zwei wesentliche Vorteile:

1. Eine klare und zeitnahe Absage ist wertschätzender, als gar keine Nachricht oder dem Bewerber falsche Hoffnungen zu machen.
2. Je nach Verlauf des Gespräches und Grund der Absage erhalten Sie vom Bewerber positives Feedback und eine Empfehlung.

Ist der Kandidat interessant, pflegen Sie die Daten gleich oder sogar noch während des Gespräches ins EDV-System ein. Wenn Sie für jeden Bewerber fünf Minuten Dateneingabe einkalkulieren, ist das leichter als vier Stunden am Stück darauf zu verwenden.

- Überlegen Sie sich gut, ob das Erstellen eines Profils Sinn macht. Gerade bei höher qualifizierten Mitarbeitern fordern Personalabteilungen gerne Lebensläufe an. Für leichte Anlerntätigkeiten reichen Ihre Zuversicht und Ihr Verkaufsgeschick. Das Schreiben von Profilen hat in den letzten Jahren sehr zugenommen. Es verbraucht viel Zeit in den Niederlassungen, vor allem dann, wenn Sie nicht wissen, ob Sie den Kandidaten einstellen. Der Wunsch nach Profilen ist eindeutig rückläufig, gerade bei Firmen, die viele Zeitarbeitskräfte im Einsatz haben. Fragen Sie bitte Ihren Kunden, welche Unterlagen er für seine Entscheidungsfindung wünscht und wie wichtig ihm Ihre persönliche Einschätzung des Bewerbers bzw. Mitarbeiters ist.

- Halten Sie Ihre Daten aktuell. Sie müssen jeden Tag den Überblick haben, wer wirklich noch zur Verfügung steht und wo und wann der Kandidat am besten zu erreichen ist.
- Geben Sie dem Bewerber Zwischenbescheide und sprechen Sie Wertschätzung aus. Ohne ihn können Sie Ihre Dienstleistung nicht anbieten. Er muss wissen, wie viel und was Sie für ihn tun.
- Im Zuge der Neuregelungen in der Zeitarbeit wird es immer wichtiger, eine enge Bindung zu seinen Bewerbern zu schaffen. Versuchen Sie, ihn durch einen Exklusivvertrag an sich zu binden. Kunden sind verwirrt, wenn Sie von drei verschiedenen Zeitarbeitsfirmen den gleichen Kandidaten vorgeschlagen bekommen. Zumindest sollten Sie wissen, bei welcher weiteren Firma Ihr Bewerber noch vorstellig war. Hilfreich ist hier die in Abschn. 5.3.4 empfohlene Vorgehensweise.
- Prüfen Sie die Unterlagen des Bewerbers genau und fragen Sie ihn auch nach anderen Punkten außer seiner beruflichen Qualifikation. Genau wie dem Kunden sind jedem Bewerber andere Dinge wichtig. Das müssen Sie wissen, um ihn von Ihrer Dienstleistung und Ihrer Persönlichkeit überzeugen zu können. Helfen Sie sich mit den Bewerberfragen in Abschn. 5.3.4.
- Entwickeln Sie Maßnahmen, die Bewerbern Orientierung geben und Ihren Mitarbeitern Identifikation stiften, um als attraktiver Arbeitgeber erkannt zu werden (Employer Branding). Sie geben Ihrer Organisationen eine positive Richtung, die Wirkung ist wirklich messbar.

Sie erhalten durch diese anders verlaufenden Bewerbungsgespräche interessante und wertvolle Informationen, die Sie bestens marketingorientiert in den Unterlagen für den Kunden aufbereiten können. Sehr viele Details zum Bewerbermanagement finden Sie in Abschn. 5.3 sowie in unserem neuesten Buch „Mehr Bewerber".

3.2.1 Professionelle Angebotsgestaltung und marketingwirksame Mitarbeiterprofile

Ein Angebot und alle weiteren Unterlagen, die an Kunden verschickt werden, sind wichtige Marketinginstrumente und bilden die Visitenkarte Ihres Unternehmens.

Im hektischen Alltagsgeschäft vergessen wir das oft und versenden standardisierte Unterlagen, die uns nicht vom Wettbewerb unterscheiden. Selten wird auf Formulierungen geachtet, die individuell verkaufsorientiert auf den Mehrwert für den Kunden hinweisen. Diese Lieblosigkeit kann ausschlaggebend sein, und wenn Sie Pech haben, gewinnt ein Mitbewerber den Auftrag – nicht, weil er bessere Kandidaten anzubieten hat, sondern weil seine Unterlagen individuell und sorgfältig erstellt wurden. In der Personaldienstleitung wird heutzutage kaum noch mit klassischen Angeboten gearbeitet. Mitarbeiter- und Kandidatenprofile plus E-Mails, das war's auch schon. Wir finden das schade, denn clever gestaltete Angebote sind ein bewährtes Verkaufsinstrument. Wir helfen Ihnen gerne weiter, wenn es darum geht, kundenorientierte, individuelle Angebote zu erstellen.

3.2.2 Kunden- und vertriebsorientierte Angebotsgestaltung

Fragen Sie den Kunden nach seinen Prioritäten und finden Sie heraus, auf welche Besonderheiten Sie in der Partnerschaft achten sollen. Genau diese Punkte bauen Sie dann in Ihr Angebot ein. Bitte vergessen Sie dabei nicht die Dokumentation in die EDV.

Überlegen Sie sich genau, welche Vorteile und welchen Nutzen Sie Ihrem Kunden aufzeigen können: gibt es Alleinstellungsmerkmale, sonstige Punkte, die Sie persönlich (zum Beispiel Ihr eigener beruflicher Hintergrund) oder die Firma auszeichnen? Empfehlenswert ist es auch, dem Kunden im Angebot zwei Alternativen zu nennen. Gerade in unserer Branche ist es wichtig, klar darzustellen, welche Leistungen im Preis enthalten sind. Oft vergessen wir, Besonderheiten im Angebot zu erwähnen, weil wir glauben, sie seien selbstverständlich. Das muss aber nicht sein. Ein 24-Stunden-Service an sieben Tagen der Woche ist ein Service, den sich viele teuer bezahlen lassen. Machen Sie etwas daraus und geben Sie den Wert dieser Dienstleistung an, anstatt nur zu erwähnen, dass sie im Angebot enthalten ist. Im Kap. 4 Preisverhandlung erfahren Sie viele weitere Möglichkeiten der Preisgestaltung.

3.2.3 Marketingwirksame Kandidatenempfehlung

Wenn Sie einen attraktiven Arbeitsplatz für Ihren Kandidaten finden möchten, benötigen Sie ein marketingwirksames Mitarbeiterprofil. Der Bewerber kann in diesem Moment nicht für sich sprechen, deshalb müssen Sie das für ihn tun, unter anderem mit professionell aufbereiteten Unterlagen.

Auch Ihren bestehenden Mitarbeitern ist es wichtig, ihre in den Einsätzen neu gewonnenen Kenntnisse optimal zu vermarkten, zur Chancenverbesserung bei künftigen Aufträgen. Schließlich besteht generell immer Interesse, mehr zu verdienen oder übernommen zu werden. Sie beweisen ihnen dadurch, dass Sie alles unternehmen, um dieses Ziel zu erreichen.

Zeitarbeitsunternehmen stehen immer wieder vor einem Problem. Im Zuge rechtlicher und tariflicher Veränderungen erhalten Ihre Mitarbeiter bei langen Projekten kontinuierlich mehr Lohn. Rein von der Kostenseite des Kunden betrachtet, wird die Personaldienstleistung also stetig teurer. Daher erwarten viele Kunden aufgrund der gestiegenen Kosten unbewusst auch eine Steigerung der Qualität Ihrer Dienstleistung. Sie müssen also immer kreativer werden, um Ihren Kunden den höheren Nutzen Ihres Kandidaten und Ihrer Dienstleistung zu erklären.

13 Tipps für den marketingwirksamen Einsatz von Mitarbeiterprofilen

1. Halten Sie Rücksprache mit den Kandidaten und holen Sie das schriftliche Einverständnis der Bewerber bzw. Mitarbeiter ein.
2. Versenden Sie nie Mitarbeiterprofile, ohne vorher mit dem Kunden persönlich über die gesuchte Position gesprochen zu haben und Sie nicht einen großen Teil der bereits bekannten Fragen beantworten können.
3. Wir sprechen bei Mitarbeiter-/Bewerberprofilen inzwischen von „Kandidatenempfehlungen", denn dies assoziiert beim Kunden einen hohen Qualitätsstandard im Bewerbermanagement. Ausnahme bilden hier die Kurzprofile der Anlernkräfte. Setzen Sie hier in der Beschreibung vor allem den Fokus auf die weichen Faktoren wie Zuverlässigkeit und Loyalität.
4. Gerade bei höheren Qualifikationen wünschen sich die Unternehmen viele Profile. Versenden Sie trotzdem niemals fünf Profile auf einmal. Der Kunde weiß nicht, welche Vorteile den einen Kandidaten vom anderen unterscheiden. Soll er „würfeln"? Es ist Ihre Aufgabe, dem Kunden zu helfen, eine klare Entscheidung zu treffen.
5. Versenden Sie maximal zwei Mitarbeiterprofile, über die Sie mit dem Kunden vorab gesprochen haben. Weniger ist mehr und erweckt den Anschein der Exklusivität und darüber hinaus positionieren Sie sich optimal für die Preisverhandlung.
6. Am besten bieten Sie telefonisch zunächst nur einen Mitarbeiter an: „Ich habe hier den idealen Kandidaten für Sie. Er passt genau auf die

von Ihnen gewünschten Qualifikationen und von seiner Persönlichkeit und seinen Erwartungen her sehr gut in Ihr Team." Tipp: Bitte achten Sie darauf, dass es keine Floskel wird und überlegen Sie sich im Vorfeld gut, welche Wortwahl Sie verwenden und welche Signale Sie tatsächlich senden müssen. Greifen Sie dabei auf die Wortwahl zum Beispiel in der Stellenanzeige zurück.

7. Jetzt ist der Kunde neugierig und Sie können nun gezielt die Aufmerksamkeit auf die Punkte lenken, die sich das Unternehmen wünscht. Verraten Sie nicht zu viel, damit der Reiz für ein Bewerbungsgespräch erhalten bleibt.

8. Diese individuell auf den Kunden bezogenen Möglichkeiten gehen verloren, wenn Sie viele Profile auf einmal versenden. Sie zerstören damit auch Ihr Preisargument. Für einen exklusiven, wirklich passenden Kandidaten können Sie einen höheren Stundensatz veranschlagen, für einen aus fünf nicht. Aus der Sicht des Kunden gibt es ja anscheinend genug.

9. Senden Sie nicht einfach nur den Lebenslauf, sondern erarbeiten Sie für Ihren Bewerber eine Kandidatenempfehlung, in der Sie marketingwirksam die notwendige Qualifikation und vor allem auch die Merkmale des Bewerbers einbringen, die für den Kunden neben der reinen Sachinformation zusätzlich wichtig sind. Hierzu gehören sein Auftreten, seine Softskills, seine Ziele und Erwartungen an sein künftiges Unternehmen, was ihm wichtig ist und beispielsweise auch wie er geführt werden möchte. Diese Merkmale variieren natürlich je Position. Bei einem Produktionsmitarbeiter ist die Nähe zum Arbeitsplatz bzw. seine Mobilität relevanter als bei einem Vertriebsleiter; für Letzteren jedoch sicherlich sein Anspruch an das Führungsteam.

10. Mit einer Kandidatenempfehlung beweisen Sie Ihren beiden Kunden, dem Bewerber und dem Kundenunternehmen, dass Sie ein Dienstleister sind und das bieten, was beide von Ihnen erwarten: Service. Sie greifen Ihre Bewerber nicht wahllos heraus und überlegen sich genau, wer wohin passt.

11. Machen Sie sich Gedanken, wie nutzenorientiert Ihre Kandidatenempfehlung auf das Kundenunternehmen formuliert ist, ob die Punkte enthalten sind, die Ihrem Kunden wichtig sind. Ist es die Nähe des Bewerbers zum Arbeitsplatz, dann weisen Sie in der Empfehlung darauf hin. Immer vorausgesetzt, der Bewerber bietet das.

12. Fragen Sie den Kunden, ob er zur Empfehlung zusätzlich den Lebenslauf des Bewerbers möchte. Hier können Sie den persönlich vom Bewerber gestalteten Lebenslauf hinzufügen und sparen sich das Abschreiben der üblichen Bewerberlebensläufe.
13. Einige Personaldienstleister arbeiten bereits mit hochwertigen Fotoaufnahmen und Videoclips, um ihre Kandidaten optimal ins Licht zu rücken.
14. Nutzen Sie auch Social-Media-Plattformen wie XING und Facebook, um mit Kunden und Kandidaten in Verbindung zu treten. Auch damit hat der Kandidat die Chance, sich positiv darzustellen.

Abb. 3.2 zeigt Ihnen eine Möglichkeit eines modern gestalteten Kandidatenprofils.

Bei all der Arbeit und der investierten Zeit muss daraus ein Auftrag generiert werden. Daher sind drei Dinge notwendig, um dieses Ziel zu erreichen:

1. führen Sie vorab sowohl beim Kunden als auch beim Bewerber/Mitarbeiter ein professionelles Auswahlverfahren durch (s. Abschn. 5.3.4).
2. Nur für wirklich interessierte Partner auf beiden Seiten lohnt es sich, so arbeitsintensiv vorzugehen.
3. Nehmen Sie Anfragen professionell mithilfe unserer Checkliste an (s. Abschn. 3.1.2). Beachten Sie besonders die klare Wiedervorlagevereinbarung mit dem Kunden (s. Abschn. 3.1).
4. Fassen Sie rechtzeitig und strategisch gut vorbereitet den offenen Auftrag nach.

Es gibt nach unserer Erfahrung zwei Gründe, weshalb Profile ungern oder gar nicht nachgefasst werden. Einmal aus Angst vor Ablehnung und Vertröstung, aber auch, weil die Bedeutung des Nachfassens von Unterlagen unterschätzt wird und damit auch die negativen Konsequenzen des Unterlassens. Viele Chancen und damit auch Umsatz gehen dabei verloren. Gerade in Zeiten des Fachkräftemangels und des Überangebotes an guten Jobs warten Ihre Bewerber nicht lange auf das Feedback von Ihnen bzw. Ihres Kunden.

Kandidatenempfehlung

Wir empfehlen Ihnen heute Herrn Peter Müller für die bei Ihnen vakante Stelle „Industriemechaniker mit Schweißkenntnissen". Herr Müller ist ein verheirateter Familienvater, der in der Region xx stark verwurzelt ist. Grundlage für unsere Auswahl sind das intensiv geführte Bewerberinterview und die ausgezeichneten Referenzen seiner bisherigen Auftraggeber.

Peter Müller

Alter :	45 Jahre, verheiratet, 1 Sohn
Ausbildung :	Betriebsschlosser
Berufserfahrung :	25 Jahre
Verfügbar ab:	01.06.20XX
Arbeitszeit:	Vollzeit

Für Ihr Haus waren folgende Punkte wichtig:

- Ausgeprägte Fachkenntnisse als Schweißer und Schlosser
- Mehrjährige Erfahrung im Stahlbau
- Die Teamfähigkeit des Kandidaten
- Hohe Reisebereitschaft des Kandidaten, da die Arbeiten auf Baustellen stattfinden.
- Selbstständiges Schweißen nach Zeichnungen und Plänen

Daher empfehlen wir den Kandidaten aus fachlicher Sicht:

- Sehr gute Kenntnisse im E-Hand-Schweißen
- Gültige Prüfbescheinigung EN 287 / 111 T
- Eigenständige Vor- und Nachbereitung der Schweißwerkstücke
- Das Beherrschen von mehrlagigen Schweißen

Was darüber hinaus vor allem für den Kandidaten spricht:

- In unserem persönlichen Gespräch zeigte er sich als absoluter Profi auf seinem Gebiet, der gerne im Team auf Baustellen arbeitet. Ihm sind daher Werte wie Pünktlichkeit und Zuverlässigkeit sehr wichtig. Gerade dieser Punkt wurde uns bei der Referenzeinholung bestätigt.
- Seine sorgfältige, sehr selbständige und zugleich zügige Arbeitsweise.

Stimmen unserer Kunden und seiner früheren Arbeitgeber:

„…Herr Müller ist ein zuverlässiger, fleißiger und sorgfältig arbeitender Mitarbeiter. Er arbeitet selbständig, hat eine gute Auffassungsgabe und bringt Eigeninitiative und Engagement – weit über das normale Maß hinaus mit." (Beurteilung vom 30.11.20XX)

Berufliche Tätigkeiten und Ausbildung

- Ausbildung zum Betriebsschlosser
- Mehrjährige Tätigkeit als Betriebsschlosser, später als Stahlbauschlosser
- Weiterbildung und Qualifizierung zum Elektroschweißer inkl. zertifizierter Prüfungen

Weitere Kenntnisse und Zusatzqualifikationen

- Fachlehrgang Schneidbrennen
- Fachlehrgang Hydraulik 1995

Interessen unseres Kandidaten:
Wandern, Angeln, Lesen

Abb. 3.2 Beispiel für eine Kandidatenempfehlung

3.3 Professionelles Nachfassen von Angeboten und Unterlagen

Hand auf Herz, telefonieren Sie nach, wenn Sie ein Angebot mit einer Kandidatenempfehlung abgegeben haben und auf eine Rückmeldung warten? Haben Sie Zweifel, wann der passende Moment gekommen ist oder was hindert Sie sonst daran? Folgende Aussagen von Disponenten sind keine Seltenheit:

- „Mein Ansprechpartner hat noch keine Rückinformation von der Fachabteilung."
- „Ich habe keine Zeit gefunden, die Vorgänge nachzufassen."
- „Ich bin froh, dass sich der Kunde noch nicht gemeldet hat. Der Bewerber hat bereits eine Stelle bei einem anderen Zeitarbeitsunternehmen gefunden."
- „Wenn der Kunde einen Mitarbeiter benötigt, meldet er sich bei mir."
- „Die Unterlagen habe ich ihm erst vor zwei Tagen geschickt. Ich warte besser noch bis morgen."

Alle diese Erklärungen sind nachvollziehbar, aber betriebswirtschaftlich gesehen ausgesprochen geschäftsschädigend. Warum sollten Sie sich überhaupt um Anfragen kümmern, Anzeigen schalten, Bewerbungsgespräche führen, Angebote gestalten, wenn Sie im Anschluss nicht alles daransetzen, den Auftrag auch tatsächlich zu erhalten? Wie viel Arbeitszeit und wertvolle Energie gehen damit verloren? Die folgenden Quoten geben Ihnen schnell Aufschluss darüber, wie effizient Sie arbeiten und wie viel Potenzial in Ihrer Niederlassung noch brachliegt:

- Anfrage-/Auftragsquote
- Angebots-/Auftragsquote
- Anfrage-/Angebotsquote

Sind diese Quoten in Ihrem Unternehmen bekannt? Sie können sie nutzen, um Strukturen, Prozesse, Leistungen und die Vertriebsdaten regelmäßig zu überprüfen und zu steuern. Sehen wir uns ein konkretes Beispiel an: Die Angebots-Auftragsquote liegt bei 18 %. Das heißt, von 100 Angeboten kam es 18-mal zum Auftrag. Somit haben Sie 82-mal vergeblich Zeit investiert. Lag es möglicherweise daran, dass die Angebote nicht professionell und kundenorientiert nachtelefoniert wurden?

Parallel dazu müssen auch die eingehenden Bewerbungen zu den tatsächlichen Einstellungen betrachtet werden. Die Auswertungen werden über einen längeren Zeitraum vorgenommen, um wirklich ein realistisches Bild der Effizienz und der Leistung im Bereich Recruiting zu erhalten.

Folgende Fehler sind in diesem Zusammenhang weit verbreitet:

• wir versuchen, den Kunden auf gut Glück zu erreichen.
• Häufig sind weder Zeit noch Nummer (Mobil- oder Festnetznummer) bekannt.
• Wir fragen nicht nach Urlaubsvertretungen.
• Wir kennen meist den Auftragsbeginn, jedoch nicht den Zeitpunkt der Entscheidung.
• Wir lassen uns sehr schnell vertrösten, ohne zu wissen, ob der Auftrag noch offen ist bzw. ob wir überhaupt eine Chance haben, diesen zu besetzen.

In der Konsequenz ergibt sich meist folgende Gesprächssituation:

Beispiel

PD:	„Guten Tag, Frau … Ich wollte einmal nachfragen, ob die Unterlagen angekommen sind."
Kunde:	„Ja, danke. Habe ich erhalten. Wir haben uns jedoch noch nicht entschieden."
PD:	„Wann soll ich mich wieder bei Ihnen melden?"
Kunde:	„Ich melde mich bei Ihnen. Vielen Dank."

◄

Solche und ähnliche Gesprächsabläufe sind Ihnen sicher bekannt. Das sind keine schlechten Gespräche, jedoch auch keine guten. Es stellt sich die Frage: Was wissen wir, bzw. was wissen wir immer noch nicht?

• Hat sich der Kunde überhaupt die Unterlagen angeschaut?
• Wann will er sich entscheiden?
• Haben sich die Kunden nur noch nicht entschieden oder ist der Auftrag schon vergeben?
• Finden bereits parallel Vorstellungsgespräche mit anderen Kandidaten statt?
• Wann will sich der Kunde melden und was sage ich meinem Mitarbeiter/ Bewerber?
• Über welche Punkte muss noch gesprochen werden?
• Etc.

 Setzen Sie „dem Vertröstet werden" ein Ende und steigern Sie Ihre Zeiteffizienz.

Mit den Tipps in den folgenden Beispielen können Sie Ihre Effizienz beim Nachfassen steigern.

Beispiele

1. Steigen Sie auch beim Nachfassen mit offen formulierten Fragen ein, damit Sie ein möglichst reales Bild der Sachlage erhalten:
   - „Wie hat Ihnen die Kandidatenempfehlung von Frau Ulrike Müller gefallen?"
   - Natürlich nur dann, wenn Sie den Namen der Bewerberin offenlegen dürfen bzw. auch wollen.
   - Alternativ, wenn Sie nicht mit dem verantwortlichen Entscheider sprechen können:
   - „Wie war denn die Reaktion der Fachabteilung auf unsere Unterlagen?"
2. Vermeiden Sie geschlossene Fragen wie zum Beispiel:
   - „Haben Sie die Unterlagen bereits erhalten?"
   - „Haben Sie das Angebot bereits gelesen?"
   - Die Antworten darauf sind wichtig. Häufig erhalten Sie hier nicht die ganze Wahrheit. Wenn Sie jedoch offen fragen, entsteht eine Denkpause mit einer konkreteren Antwort. Diese hilft Ihnen eventuell besser, einen Einwand von einem Vorwand zu unterscheiden.
3. Geben Sie sich nicht mit allgemein gültigen Aussagen des Kunden zufrieden.
   - „Danke. Die Profile haben wir erhalten. Eine Rückmeldung habe ich noch nicht. Ich komme auf Sie zu, wenn ich das Feedback der Fachabteilung habe."
   - Zu oft lassen wir uns zu schnell vertrösten und wissen daher nicht, wie der tatsächliche Stand der Dinge ist. ◀

Was können Sie also tun? In der Personaldienstleistungsbranche haben Sie eine perfekte Ausgangslage, um detaillierter nachzufragen. Wen dürfen Sie hier nicht vergessen? Wer wartet ebenfalls auf ein Feedback? Ihr Bewerber oder Mitarbeiter! Folgender weiterer Gesprächsablauf ist möglich:

Beispiel

PD:	„Was passiert mit den Unterlagen, nachdem ich sie Ihnen gemailt habe?"

Was kann der Kunde darauf antworten? Es gibt zwei Möglichkeiten und diese daraus gewonnene Information müssen Sie sich möglichst vor dem Versenden der Unterlagen einholen:

1. „Ich leite die eingehenden Unterlagen direkt an die Fachabteilung weiter."
2. „Ich treffe eine Vorauswahl und gebe dann die Profile an die Kollegen. Ihre Unterlagen waren mit dabei."

Empfehlung: Fragen Sie weiter. Was müssen Sie vor allem im Hinblick auf die weitere Zusammenarbeit noch wissen?
Mögliche Frage auf Antwort 1:

- „Was außer der reinen Qualifikation ist der Fachabteilung noch wichtig?"
- „Welche Kriterien sind entscheidend für ein Vorstellungsgespräch?"

Mögliche Frage auf Antwort 2:

- „Welche Kriterien für die Vorauswahl legen Sie zugrunde?"
- „Was ist Ihnen in diesem Zusammenhang persönlich wichtig bei der Gestaltung der Profile?"

Mögliche Antworten des Kunden:

- „Das kann ich Ihnen nicht sagen." Oder: „Die Erfüllung des Profils."
- „Ich lege Wert darauf, dass der Kandidat aus unserer Region kommt."
- Oder: „Die Kriterien werden mir von den Kollegen vorgegeben."

Sie haben auch an dieser Stelle des Gespräches die Möglichkeit, sich mit den Antworten zufriedenzugeben oder weiter nachzufragen. Sobald Sie aber immer noch Interpretationsmöglichkeiten bezüglich der Inhalte haben, dringen Sie weiter zum Kern vor. ◄

Falls Sie glauben, diese vielen Fragen seien übertrieben, sollten Sie sich fragen: Für wen ist es unangenehm – für Sie oder für den Kunden? Warum sollte der Ansprechpartner es als störend empfinden, wenn Sie Interesse an der optimalen Besetzung seiner Stelle haben? Sie sind ein Dienstleister und gleichzeitig ein Partner auf Augenhöhe. Anhand der Reaktionen des Kunden auf Ihre Nachfragen erfahren Sie auch, welchen Stellenwert Sie persönlich oder Ihre Firma bei ihm haben.
Unser „Kopfkino" spielt uns Streiche und wir interpretieren leicht Falsches und (noch) nicht Geschehenes in eine Situation oder in ein Gespräch hinein, was zu extrem subjektiven Aktionen führen kann. Wir erschaffen durch etwaige Ängste nicht existierende Umstände und glauben, sie seien real. Erinnern Sie sich? Wir glauben, meinen, denken, fühlen, vermuten, hoffen, schätzen usw. Sie sollten sich dieses Trugschlusses bewusst sein, im Interesse des Kunden, Ihres Mitarbeiters und Ihrer eigenen Person. Die Checkliste „Angebot Nachfassen" unterstützt Sie bei diesen Gesprächen.

Ähnlich wie bei der Akquise werden Sie auch beim Nachfassen mit Ein- oder Vorwände konfrontiert werden Hier die häufigsten:

- „Wir haben es noch nicht gelesen."
- „Wir haben uns noch nicht entschieden."
- „Jetzt finden erst einmal Gespräche mit unseren eigenen Bewerbern statt."
- „Ich habe die Unterlagen weitergereicht."
- „Die Entscheidung trifft der Chef/die Fachabteilung."
- „Unser Chef hatte noch keine Zeit, die Unterlagen zu lesen."
- „Wir haben uns bereits für einen anderen Kandidaten entschieden."
- „Das Profil passt leider nicht."
- „Das Angebot ist uns zu teuer." (vgl. Abschn. 2.7 und Kap. 4).
- „Wir stellen selbst ein" bzw. „Wir haben die Stelle intern besetzt."

Um nun professioneller und zielführender antworten zu können als mit „wann kann ich mich dann wieder melden?", haben Sie die in Tab. 3.1 exemplarisch vorgestellten Alternativen.

Tab. 3.1 Antwortmöglichkeiten auf Vor- und Einwände

Kunde	Sie/Personaldisponent
„Wir haben es noch nicht gelesen"	„Können wir es eben kurz gemeinsam durchgehen?" „Bis wann wollten Sie die Stelle besetzt haben?"
„Wir haben uns noch nicht entschieden"	„Welche Punkte müssen noch geklärt werden?" „Welche Chancen sehen Sie bisher für unser Angebot?"
„Es finden jetzt erst einmal Gespräche mit unseren eigenen Bewerbern statt"	„Wie zufrieden sind Sie denn mit dem Bewerberrücklauf?" „Wie viele Kandidaten sind in der engeren Auswahl?"
„Die Unterlagen habe ich weitergereicht"	„Wie haben *Ihnen persönlich* denn die Unterlagen gefallen?" „Wie schätzen Sie die Chancen unseres Bewerbers ein?"
„Die Entscheidung trifft der Chef."	„Wenn Sie alleine die Entscheidung treffen würden bekämen wir dann den Zuschlag?"
„Unser Chef hatte noch keine Zeit, die Unterlagen zu lesen"	„Bis wann soll die Entscheidung fallen?" „Welche Priorität hat derzeit die Besetzung der Stelle?"
„Wir haben uns bereits für einen anderen Kandidaten entschieden"	„Was hat bei unserem Profil gefehlt?"
„Das Profil passt nicht"	„Welche konkreten Punkte stören?"
„Das Angebot ist zu teuer"	„Womit vergleichen Sie unser Angebot?" „Inwiefern?"
„Wir stellen selbst ein"	„Aus welchen Gründen?"

Checkliste Angebote nachfassen im Überblick

1. Fragen an den Ansprechpartner:
   - Wie haben Ihnen die Bewerbungsunterlagen gefallen?
   - Wie ist der Stand der Dinge? Wie hat Ihnen persönlich die Empfehlung gefallen?
2. Mögliche Reaktionen Ihres Gesprächspartners:
   - Angebot liegt beim Chef
   - zu teuer
   - habe mich für einen anderen entschieden
3. Welche Punkte müssen noch geklärt werden (von Kundenseite und von uns)?
4. Wie kann ich Sie noch unterstützen (zum Beispiel mit Referenzen, Profilen, Gespräch)?
5. Wie schätzen Sie denn die Chancen für Herrn/Frau/unseren Kandidaten ein?
6. Wenn Sie es alleine entscheiden würden, käme unser Kandidat in die engere Auswahl?
7. Weitere Ansatzpunkte, um im Gespräch zu bleiben:
   - Und bis zu unserem nächsten Gespräch? Können Sie die Entscheidung noch offenhalten?
   - Bei einer Zusage bis ... von Ihrer Seite, kann ich Ihnen den Beginn bis zum .... gewährleisten.
8. Weitere Abschlussvereinbarungen

Termin:
Wiedervorlage am:
Nachfassen durch:

Mit diesen Tipps wird Ihre Argumentation beim Kunden deutlich professioneller ausfallen und sie schaffen Ihnen eine optimale Grundlage für eine höhere Abschlussquote und positive Preisverhandlungen. Dadurch können Sie längerfristig den betriebswirtschaftlichen Erfolg Ihrer Niederlassung stärken. Eine Besonderheit, die es insbesondere in der Personaldienstleistung gibt: im Vertriebsprozess kann es zu jedem Zeitpunkt geschehen, dass Sie mit dem Kunden über die Tarife sprechen müssen.

Genau darum geht es in Kap. 4. Gut vorbereitet werden Sie selbstsicherer in die Gespräche gehen erfolgreicher agieren.

Preisverhandlung

4

Zusammenfassung

Nahezu alle Personaldienstleister klagen seit Jahren mit zunehmender Tendenz über einen eklatanten Mangel an Bewerbern unabhängig der Qualifikationen. Und kaum hat man es geschafft, eine deutliche und zählbare Anzahl an Mitarbeitern aufzubauen, werden im nächsten Moment an anderer Stelle wieder Kolleginnen und Kollegen von den Kunden übernommen, und das leider viel zu oft zum Nulltarif. Gleichzeitig steigt von Jahr zu Jahr die Penetrationsrate in Deutschland. Der Bedarf steigt! Und was ist mit den Margen? Wir geben Ihnen in diesem Kapitel erste, sofort umsetzbare Praxistipps zur Steigerung Ihrer Preise und Margen, und damit auch Ihrem Gewinn.

Wie ausführlich kann ein praxisorientiertes Vertriebsbuch wie dieses auf ein so komplexes Thema wie „Preisverhandlung in der Zeitarbeit" eingehen? Beim Zusammenstellen der für dieses Kapitel notwendigen Informationen und Beispiele wurde schnell klar: Die Thematik ist so umfangreich und kompliziert, dass sie idealerweise im Rahmen eines eigenständigen Ratgebers nutzbringend präsentiert

Ergänzende Information Die elektronische Version dieses Kapitels enthält Zusatzmaterial, auf das über folgenden Link zugegriffen werden kann https://doi.org/10.1007/978-3-658-33640-0_4. Die Videos lassen sich durch Anklicken des DOI Links in der Legende einer entsprechenden Abbildung abspielen, oder indem Sie diesen Link mit der SN More Media App scannen.

wird und/oder durch Seminare und Webinare ergänzt werden sollte. Um eine Basis zu schaffen, erhalten Sie hier erste Anmerkungen und Tipps, die Ihnen während Ihrer Akquiseaktivitäten helfen sollen, gewinnbringend zu arbeiten. Insbesondere vor dem Hintergrund der ständigen AÜG-Reformen und den permanenten Tariferhöhungen nehmen sichere Preisverhandlungen an Bedeutung massiv zu.

Grundsätzlich muss man in der Branche leider ein Paradoxon feststellen, das seines Gleichen sucht. Man hat teilweise den Eindruck, dass eine uralte betriebswirtschaftliche Grundlage, ein Gesetz der freien Marktwirtschaft, außer Kraft gesetzt ist:

▶ Angebot und Nachfrage regeln den Preis!

Die Suche nach geeigneten Mitarbeitern unabhängig der Qualifikationen, wird von Jahr zu Jahr schwieriger und das selbst in Krisenjahren 20/21. In manchen Städten und Regionen hat der Kampf um Produktionshelfer, Lagermitarbeiter und Staplerfahrern längst begonnen. Vorbei sind die Zeiten regelmäßiger Laufkundschaft in den Niederlassungen oder der Möglichkeit, von heute auf morgen größere Aufträge ideal und schnell zu besetzen.

Und kaum hat man es geschafft, eine deutliche und zählbare Anzahl an Mitarbeitern aufzubauen, werden im nächsten Moment an anderer Stelle wieder Kolleginnen und Kollegen von den Kunden übernommen, und das leider viel zu oft zum Nulltarif.

Gleichzeitig steigt von Jahr zu Jahr die Penetrationsrate in Deutschland. Immer mehr Firmen arbeiten regelmäßig oder gelegentlich mit dem Instrument Zeitarbeit. Der Bedarf steigt. Nicht zuletzt, weil viele Kunden von sich aus die Rekrutierungsprobleme erkannt haben und daher die „Beschaffung" an Profis vergeben.

Die logische Konsequenz dieser genannten Umstände müsste sein, dass die Preise in der Zeitarbeit von Jahr zu Jahr deutlich steigen. Denn das Angebot wird immer knapper und die Nachfrage verstärkt sich. Leider ist das nicht der Fall, im Gegenteil. Ein Beispiel aus unseren Anfangstagen macht es deutlich: 1998 konnten wir gewerbliche Hilfskräfte noch mit 11,50 DM Stundenlohn einstellen. Der Verrechnungssatz bei Kunden lag zwischen 27 und 30 DM, in Großprojekten vielleicht auch mal bei 25,50 DM, niemals darunter. Das waren damals Faktoren zwischen 2,2 und 2,6 zzgl. Fahrgeld und VMA für die Mitarbeiter. Und heute? Der Mindestlohn ist inzwischen durch die neuen Tarifabschlüsse auf knapp 10 EUR gestiegen. „Gerüchten" zufolge werden teilweise Verrechnungssätze von unter 17 EUR angeboten. Welch ein Wahnsinn! Das entspricht Faktoren von unter 1,70. Wie soll damit noch Gewinn erzielt werden? Erschwerend kamen in den letzten Jahren die Branchentarifzuschläge zum Tragen. Wir hatten alle gehofft, dass

dadurch eine positive Preisentwicklung auf dem Markt stattfindet und „Billig-
anbieter" verschwinden. Nur leider ist das nicht geschehen.
Es zeigt sich jedoch, dass die gute alte Formel (Angebot und Nachfrage regeln
den Preis) in der Zeitarbeit wohl – trotz permanenter Tariferhöhungen, gesetzlicher
Veränderungen, Kostenerhöhungen bei den Rekrutierungsmaßnahmen, Verteue-
rung durch Digitalisierung und zuletzt der erneuten gesetzlichen Veränderungen –
keine Gültigkeit hat. Nur warum ist das so? Aus unserer Sicht gibt es dafür nur
wenige plausible Antworten:

1. Die Zahl der Personaldienstleister ist in den letzten Jahren geradezu explodiert.
   Man spricht von ca. 12.000 Unternehmen, die sich im Bereich der Zeitarbeit
   aktiv betätigen. Die logische Folge: ein knallharter Preiskampf! Gerade junge
   Existenzgründer meinen durch Billigangebote besser im Markt anzukommen
   und zerstören dadurch jegliche Argumentationsgrundlage bei der Preisverhandlung, gerade im Anlernkräftebereich.
2. Viele Großkonzerne der Branche gehen teilweise strategisch vor und „kaufen" sich Umsatz zum Nulltarif bzw. Marktanteile. Am Ende ist der Mix aus
   KMU-Kunden (Kleine und Mittelständische Unternehmen) und KAM-Kun-
   den (Key Account Management) wichtig, denn er entscheidet über Glück oder
   Unglück der Aktionäre. Nur wenn sich kein Personaldienstleister auf dieses
   Volumengeschäft einlassen bzw. auch hier seriös kalkulieren würde, käme
   dieser Umstand der ganzen Branche und seinem angeschlagenen Image zugute.
3. Manch ein Unternehmen rechnet sich die Preise schön. Zahlen werden so lange
   von rechts nach links verschoben, bis man zum Schluss kommt: Lieber fünf
   Prozent Marge von fünf Millionen Umsatz als 25 % Marge von null Euro Umsatz. Eine gefährliche Rechnung, wie wir finden, denn unterm Strich verdient
   man in beiden Fällen nichts, nur dass man bei Variante A viel gearbeitet hat.
4. Andere Personaldienstleister werden durch den zuvor genannten Preiskampf in
   Kombination mit einer erhöhten Abhängigkeit von bestimmten Unternehmen
   regelrecht gezwungen, Preise zu akzeptieren, mit denen sie wissentlich nichts
   oder deutlich zu wenig verdienen. Hier rächt sich der zu geringe Bekanntheitsgrad und damit verbunden die zu wenig stattgefundenen Vertriebsaktivitäten.
   Wer seinen Markt in der Vergangenheit nicht kannte, eine zu geringe Kundenbindung und Neukundenquote hatte, wird auch in Zukunft ohne Planungs-
   sicherheit zurechtkommen müssen.
5. Viele Kunden setzen die Branche kontinuierlich unter Druck, indem sie Jahr für
   Jahr Ausschreibungen durchführen, in knallharte Einkaufsprozesse einsteigen
   bzw. das Einkaufsvolumen mehrerer Firmen bündeln oder
6. jedes Jahr die Lieferanten/Partner wechseln. Hauptsache billig!

Am Ende ist es schwer zu sagen, wer an dieser Entwicklung die Schuld trägt. Sind es die Kunden oder gar die Branche selbst, die sich gegenseitig die Preise kaputt macht? Vermutlich ist es eine Kombination aus vielen Punkten und Umständen. Die eigentliche Frage ist: Wie wird sich das Ganze in der Zukunft entwickeln und welche Konsequenzen hat das für Ihre Strategie?

Die Situation auf dem Arbeitsmarkt
Der Arbeitskräftemangel wird in den nächsten Jahren weiter zunehmen. Die Gründe hierfür sind mannigfaltig und bereits an anderer Stelle in diesem Buch erwähnt (Stichwort: demografische Entwicklung etc.). Abgesehen von wirtschaftlichen Schwankungen und damit einhergehenden Veränderungen am Arbeitsmarkt wird sich der Arbeitssuchende der Zukunft immer deutlicher in der Situation wiederfinden, dass er sich seine Arbeitgeber auswählen kann. In letzter Konsequenz kann das heißen: Der mit dem besten Gesamtpaket (Geld und Wohlfühlfaktoren) findet auch in Zukunft noch Mitarbeiter.

Bereits heute ist zu beobachten, dass Mindestlöhne in der Rekrutierung nicht ausreichen. Gerade im höher qualifizierten Bereich hat der „Kampf mittels Stundenlöhnen" bereits begonnen. Wenn man sich beispielsweise dem Berufsbild des Elektrikers widmet, stellt man fest, dass nahezu bundesweit ein Mangel an Bewerbern herrscht. Personaldienstleister müssen deutlich höhere Stundenlöhne bieten, als es die Entgeltgruppen in den Tarifverträgen vorsehen. Diese Tendenz wird sich in allen Bereichen durchsetzen. Für die Preisstrategie der Zukunft heißt das aus unserer Sicht ganz klar: Die Preise in der Zeitarbeit müssen und werden wieder steigen, denn sie müssen sich dem Angebot anpassen. Der Markt wird sich selbst regulieren.

Wer einen Elektriker benötigt, kann ihn gerne haben, aber bitte zu anständigen Preisen. Gleiches gilt zunehmend für alle anderen Berufsbilder. Auf Dauer ist eine Hochpreispolitik deutlich erfolgreicher und gesünder. Manch ein Beispiel aus anderen Branchen verdeutlicht das. Auch wenn Sie unter Druck stehen, die Wachstumszahlen gerade nicht Ihren Vorstellungen entsprechen, wenn Sie hinter Plan oder im Aufbau sind: Lassen Sie sich bitte nicht auf Preise ein, die den Marktgegebenheiten in keiner Weise entsprechen.

Zudem sind geschätzt 80 % aller Preisnachlässe ungerechtfertigt bzw. werden viel zu schnell gegeben. Generell glauben viele Verkäufer, dass die Wettbewerbsangebote bzw. Mitarbeiterprofile inhaltlich vergleichbar sind und lassen sich daher auf Preisdiskussionen des Kunden ein. Wenn Sie dem Kunden zu schnell im Preis entgegenkommen, kann das zwei Nachteile haben:

1. seine Erwartungen hinsichtlich des Preisnachlasses steigen.
2. Die Glaubwürdigkeit ihres Angebotes und Ihrer Person fallen.

Konzentrieren Sie sich deshalb bei Preisverhandlungen auf folgende Punkte:

* finden Sie heraus, ob der Preiseinwand tatsächlich ein Einwand ist oder nur als Vorwand dient,
* wenn Sie Nachlässen zustimmen, dann müssen Sie diese richtig verhandeln und gute Rahmenbedingungen dafür schaffen,
* achten Sie auf den passenden Zeitpunkt innerhalb des Vertriebsprozesses.

4.1 Gründe für Preiseinwände

Seien Sie sich bewusst, es gibt viele Gründe, warum Kunden sagen, dass ihnen etwas zu teuer ist:

1. Ihr Kunde weiß aus Erfahrung, dass sich Preiseinwände lohnen und er einen günstigeren Preis bekommt.
2. Ihr Ansprechpartner hat die klare Aufgabenstellung, Geld einzusparen. Der klassische Vertreter ist hier der Einkäufer.
3. Ihr Kunde behilft sich dessen als Vorwand, da er nicht vorhat, seinen Personaldienstleister zu wechseln bzw. neue mit aufzunehmen.
4. Ihr Kunde benutzt Ihr Angebot bzw. Ihren niedrigeren Preis als Druckmittel für die bestehenden Dienstleister, um Kosten einzusparen.
5. Ihr Kunde hat schon einmal schlechte Erfahrungen gemacht. Beispiel: In seinem Unternehmen benötigte man eine Fachkraft und durch fehlerhafte Abstimmung wurde ihm eine Fachkraft mit zu hoher Qualifikation (zum Beispiel als Facharbeiter) überlassen. Nachträglich stellte sich heraus, dass ein Fachhelfer durchaus ausreichend für die Stellenbesetzung gewesen wäre. In der Wahrnehmung des Kunden hat er also zu viel bezahlt und wurde falsch beraten.
6. Ihr Kommunikationspartner bewertet die Branche insgesamt negativ und sträubt sich unbewusst gegen die Zeitarbeit.

An diesem letzten Beispiel lässt sich erkennen, welch hohen Stellenwert ein qualifiziertes Anfragemanagement in der Personaldienstleistung hat. Selbstverständlich gibt es weitere Gründe für schwierige Preisgespräche. Diese sind dann entweder im jeweiligen Verhältnis der Verhandlungspartner zu finden oder es kann auch sein, dass Sie mit der falschen Person sprechen. Wie bei allen anderen Einwänden ist es Ihre Aufgabe herauszufinden, welches Problem sich konkret hinter einem Einwand verbirgt. Zu diesem Zweck sollten Sie offene Fragen stellen.

Preiseinwände treten vor allem dann auf, wenn mehrere Angebote miteinander verglichen werden. Gerade in der Zeitarbeitsbranche ist es für den Kunden schwer, die Unterschiede zwischen den einzelnen Leistungspaketen und den jeweils unverwechselbaren Nutzen zu erkennen. Häufig beschränken sich Personaldienstleister in der Präsentation auf die Profile oder bei sonstigen Unterlagen oft nur auf die jeweils angeforderte Qualifikation und den damit verbundenen Stundentarif bzw. die Vermittlungsprovision. Solange der Kunde davon ausgeht, dass inhaltlich keine Unterschiede vorhanden sind, wird er sich höchstwahrscheinlich für das Angebot mit dem geringeren Preis entscheiden. Je geringer die Qualifikation des Mitarbeiters ist und somit die Austauschbarkeit der Anbieter leichter fällt, desto wichtiger ist es, Ihre Aufgabe, Ihrem Kunden den verbundenen Mehrwert Ihrer eigenen Persönlichkeit, Ihrer Betreuungsqualität und Ihrem Handeln aufzuzeigen.

4.2   Preisverhandlungen vorbeugen

Ihre erste Aufgabe besteht somit, im Vorfeld, bevor ein Preis genannt wird, genau herauszufinden, was der Kunde benötigt. Sie müssen wissen, für welchen Mehrwert er einen besseren Tarif zahlen wird und wo genau seine Prioritäten liegen. Die dafür notwendigen Fragen kennen Sie bereits aus Abschn. 3.1.3.

Geben Sie deshalb ohne nähere Hintergrundinformationen und Kenntnisse der Kaufmotive des Kunden keine Preisauskünfte am Telefon, vor allem nicht bei Interessenten. Dieser potenzielle Neukunde kennt Sie noch nicht. So kann er zunächst nur den Preis als Entscheidungsgrundlage nehmen. Gerade im Hinblick auf die derzeit schwierigen Bedingungen in der Zeitarbeit müssen Sie wesentlich mehr Informationen erfragen, um eine professionelle Auskunft geben zu können und den richtigen Kundentarif kalkulieren zu können. Wie Sie ohne Hintergrundinformationen schnell in eine für Sie ungünstige Situation geraten können, zeigt das Beispiel mit den nachfolgenden Alternativen:

Beispiel

| *Kunde:* | „Wie viel kostet bei Ihnen eine Sekretärin?" |
| *PD:* | „26,50 Euro/Std." |

Da hier keinerlei Kundenbindung und weitere Kenntnisse vorliegen, wird der Interessent nur den Preis vergleichen können:

| *Kunde:* | „Wir haben ein besseres Angebot vom Wettbewerb vorliegen." |

Alternative:

| *Kunde:* | „Wie viel kostet bei Ihnen eine Sekretärin?" |
| *PD:* | „Einer unserer Qualitätsstandards ist es, keine Preisauskünfte ohne vorangehende Arbeitsplatzbesichtigung zu geben. Wann haben Sie Zeit für einen persönlichen Termin?" |

Haben Sie keine Bedenken, dass der Kunde sofort das Interesse verliert. Das Gegenteil ist der Fall. Mit seiner Antwort erhalten Sie wichtige Informationen und bilden eine wertvolle Grundlage für den weiteren Gesprächsverlauf. Das Ziel ist immer, von Anfang an ein attraktiver Partner auf Augenhöhe zu sein.

Beispiele

Kunde:	„Die Stelle ist sofort zu besetzen und für einen Gesprächstermin habe ich daher keine Zeit."
PD:	„Damit ich die Stelle optimal besetzen kann, benötige ich von Ihnen einige Informationen und den persönlichen Eindruck Ihres Unternehmens und dem Umfeld, wo sich unser Mitarbeiter bewegen wird. Wie können wir das gemeinsam am besten gestalten?"
Kunde:	„Warum ist das denn notwendig? Bisher hat kein Personaldisponent mich darauf angesprochen."
PD:	„Es gibt erhebliche Unterschiede im jeweiligen Umfeld der Vakanzen, die wir bei der Auswahl eines geeigneten Kandidaten berücksichtigen müssen. Wie wichtig ist Ihnen eine zeitnahe und optimale Besetzung der Stelle?"
Kunde:	„Das kann ich Ihnen nicht sagen. Ich habe lediglich den Auftrag, bei den Zeitarbeitsfirmen die Preise einzuholen."
PD:	„Wer ist denn alles in dem Entscheidungsprozess mit einbezogen?" …

Achten Sie darauf, anders vorzugehen, wenn Sie dem Kunden bereits ein Angebot oder ein Profil unterbreitet haben. Hier kommt es beim Nachfassen der

Unterlagen oft zum Preiseinwand des Kunden. In diesem Zusammenhang haben sich folgende Fragen bewährt:

PD:	„Womit vergleichen Sie unser Angebot?"
Alternativ:	„Worin unterscheidet sich das Profil unseres Mitarbeiters vom Wettbewerb?"
Kunde:	„Es gibt keinen Unterschied, daher will ich mit Ihnen ja über den Tarif sprechen."

Hier kommt es besonders darauf an, wie Sie das Gespräch weiterführen. Im Vertrieb neigen wir dazu, dem Kunden immer alles sofort zu glauben, was er sagt. Diese Einstellung ist zwar löblich, allerdings verhindert sie das detaillierte Nachfragen. Aus Angst vor Ablehnung und einem drohenden Auftragsverlust kommt der Verkäufer dem Kunden in der Regel zu früh preislich entgegen, obwohl die Informationsgrundlage noch nicht ausreichend ist, um für beide Seiten eine zufriedenstellende Lösung zu finden.

Profil- oder Kandidatenvorschläge können nicht identisch sein, es muss Unterschiede geben. Ihr Kandidat verfügt sicher über andere Stärken als der Ihres Wettbewerbes, und genau diesen Unterschied gilt es an dieser Stelle unter Einbeziehung des Kunden professionell herauszuarbeiten. In der Personaldienstleistung wird es manchmal versäumt, alle wichtigen vertriebsrelevanten und Marketing unterstützenden Details ins Angebot einzubauen. Das trifft auch auf reine Angebote zu, wenn Sie nur die Qualifikation an sich anbieten. Vergleichen Sie hier auch noch einmal Abschn. 3.2.2 und 3.2.3.

Es ist also unerlässlich, dass Sie weitere Informationen über das Angebot Ihres Wettbewerbers einholen, um sicherzustellen, dass überhaupt ein vergleichbares Angebot bzw. Profil vorliegt!

- „Welchen Schwerpunkt hat der Kandidat vom WB im Bereich …?"
- „Welche Qualifikationen hat der Mitarbeiter?"
- „Wie lange hat der Mitarbeiter des WB bereits in diesem Bereich gearbeitet?"
- „Wie sind die öffentlichen Verkehrsanbindungen zum Wohnort des Mitarbeiters?"
- „Wie gewährleistet Ihnen der Wettbewerber, dass der Mitarbeiter pünktlich zum Schichtwechsel erscheint?"
- „Welche Arbeitssicherheitsmaßnahmen bietet Ihnen der Wettbewerb?"
- „Wie lange arbeiten Sie bereits mit dem anderen Anbieter zusammen?"

Sinn und Zweck des konkreten Vergleichs ist es, Zeit zu gewinnen und Informationen für eine professionelle Argumentation zu erhalten. Vor allem unterstützt diese Art der Verhandlungstechnik Ihre Glaubwürdigkeit und Ihre Bemühungen, den eigentlichen Grund und damit eine Lösung für den Preiseinwand zu finden. Außerdem steckt in dieser Technik eine indirekte Argumentation. Durch unsere Fragen bringen wir den Kunden dazu, selbst zu erkennen, dass die Profile und damit auch die Preise nicht vergleichbar sind.

Die einzige Ausnahme dieser Empfehlung ist die telefonische Preisverhandlung bei Anlernkräften. Unter der Voraussetzung, die Besetzung der Stelle muss sehr zeitnah erfolgen (zum Beispiel Krankheitsausfall zur Nachtschicht) und eine Arbeitsplatzbesichtigung ist vorher nicht möglich, dann fragen Sie bitte gleich nach vollständiger Auftragsannahme: „Wo müssen wir preislich liegen, dass unser Angebot eine Chance hat?" Sie werden erstaunt sein, wie oft ein höherer Preis als gedacht genannt wird. In diesem konkreten Beispiel haben Sie jedoch auch die gute Ausgangslage, dass der Kunde ein massives Personal- und Zeitproblem hat. Große Verhandlungen dürften in diesem Fall somit erst gar nicht aufkommen. Ein weiterer Tipp für Personalvermittlungsaufträge ist, den potenziellen Neukunden die Frage zu stellen: „Wie wurde bisher das Thema Personalvermittlung in Ihrem Hause geregelt?" Je nach Antwort können Sie entweder bessere Provisionssätze vereinbaren oder sich den Zeitaufwand eines Angebotes sparen. Hierzu mehr in unserem Buch „Erfolgreich in der Personalvermittlung" (Truchseß und Brandl 2021).

4.3 Preise selbstbewusst verhandeln

Ein weiterer, erfolgreicher Baustein in einer Verhandlung, ist die Umkehr der Rollen. Fragen Sie sich: „Wenn ich bereit bin, meinem Kunden im Preis entgegenzukommen, wozu müsste dann mein Kunde bereit sein?" Diese Überlegung führt am Ende zu der bekannten „Win-win-Situation". Schauen wir uns dazu einmal genauer an, wie genau sich die Stundenentgelte, bzw. deren Gesamtkalkulation zusammensetzen, um anschließend herauszufinden, welche Elemente als „Verhandlungsmasse" eingesetzt werden können.

Welche Kosten verstecken sich hinter den Preisen?

- Mitarbeiter Stundenlohn
- Lohnnebenkosten
- Ausfallzeiten (Krankheit, Urlaub, Feiertage, Nichteinsatz (Arbeitszeitkonto) usw.)

- Beiträge zur Berufsgenossenschaft/Schwerbehindertenabgaben usw.
- interne Kosten (zum Beispiel Mieten, Gehälter, Kfz-Kosten, Telefonkosten usw.)
- interne Schulungen
- Softwareupdates
- externe Berater (Anwälte, Steuerbüros, Arbeitssicherheit usw.)
- Kosten für Marketing und Vertrieb (Service und Kundenbetreuung)
- Rekrutierungskosten/Anzeigenschaltung
- Weiterbildung/Qualifizierung externer Mitarbeiter
- Fahrgeld/Kilometerpauschalen
- Gesundheitsuntersuchungen
- Vermögenswirksame Abgaben
- Unterkünfte
- Werkzeuge
- Arbeitskleidung/Persönliche Schutzausrüstung
- Rechnungsstellung/Zahlungsziele
- Abmeldefristen/Übernahmekonditionen
- Branchenzuschläge, Tariferhöhungen, Equal Pay
- umfassendere Dokumentationspflichten und somit auch steigende Verwaltungskosten
- was noch?

In unseren Trainings ist es manchmal verblüffend, wie viele Ideen die Teilnehmer erarbeiten, wenn es um die Frage geht, welche variablen Kosten Verkäufer und Kunde bei der Preisverhandlung verändern können, bevor als letzte Möglichkeit eine Preisreduzierung erfolgt. Da kommen manchmal bis zu drei DIN-A4 Seiten zusammen. Die meisten der oben genannten Punkte sind aus unserer Erfahrung mit dem Kunden „verhandelbar". Seien Sie kreativ innerhalb Ihres Hauses, es geht um die Möglichkeiten

- mehr oder weniger Leistung,
- mehr oder weniger Betreuung,
- veränderte Zahlungsbedingungen, Jahresbonus etc.

Ihre abschließende Formulierung könnte lauten:

Beispiel

> *PD:* „Herr Kunde, am Verrechnungssatz selbst kann ich nichts mehr tun. Was ich
> Ihnen anbieten kann, ist eine kürzere Abmeldefrist von nur zwei Tagen, wenn
> Sie bereit sind, die PSA zu stellen. Wollen Sie das?"

Oder:

> *PD:* „Herr Kunde, ich gehe auf Ihren Vorschlag von 24,20 Euro ein, wenn Sie bereit
> sind, die Anfahrtskosten unseres Mitarbeiters einmal pro Monat zu übernehmen.
> Wie klingt das für Sie?"

Die Vorgehensweise ist immer einheitlich:

▶ Wenn Sie Preisnachlass gewähren, übernimmt der Kunde im Gegenzug XY.

▶ Wenn Sie keinen Preisnachlass gewähren, bieten Sie zusätzlich Leistung XY.

Darüber hinaus beachten Sie noch folgende Punkte:

• Rechnen Sie in Ihrer Vorkalkulation einen Verhandlungsspielraum ein bzw. er-
  mitteln Sie genau Ihre Grenzen und setzen sich Ihr Ziel.
• Sprechen Sie den Preis „aktiv" in einem ganzen Satz an: „Der Stundensatz für
  Herrn Müller, einem absoluten Profi auf seinem Gebiet, liegt bei 28,50 Euro
  und er kann gleich am Montag starten."
• Zeigen Sie immer wieder Verständnis für Ihren Kunden.
• Steigen Sie, wenn möglich, gut vorbereitet in Preisverhandlungen ein.
• Lernen Sie die Technik, die Fragen und Argumente „auswendig". Es sind
  Standards.
• Gehen Sie positiv an das Thema „Gewinn" heran. Sie arbeiten in einem Wirt-
  schaftsunternehmen und es ist Ihr Job, betriebswirtschaftlich zu arbeiten. Sonst
  gefährden Sie langfristig die Arbeitsplätze der Ihnen anvertrauten Mitarbeiter.
• Sagen Sie auch mal „Nein". Sie müssen nicht mit jedem Kunden zusammenarbeiten. Gerade im Hinblick auf den Wandel der Zeitarbeit vom Beschaffer
  zum Berater, ist es für Sie wichtig, den richtigen Partner zu finden und nur für
  diesen entsprechend Ihre Zeit zu investieren.

Auf diese Weise können Sie Argumente des Kunden, sammeln, sie bewerten
und eine Strategie entwickeln, um auf einen gemeinsamen Nenner zu kommen.

Wenn Sie sich die Häufigkeit von Preisverhandlungen und Ihren Deckungsbeitrag genauer betrachten, können Sie leicht herausfinden, ob in Ihrem Verantwortungsbereich oder in Ihrer Niederlassung Optimierungsbedarf besteht. Je
öfter Sie in Preisverhandlungen feststecken und je schlechter Ihr Deckungsbeitrag
ist, desto mehr Anstrengungen sollten Sie unternehmen, um Ihren Vertriebsprozess
zu verbessern. Achten Sie darauf, zu welchem Zeitpunkt (vor oder nach Angebots-
abgabe/Unterlagenversand) Sie Rückfragen auf Ihre Preise erhalten und ob bzw.
wo Sie gegebenenfalls Margen verlieren. Die Praxis zeigt, dass eine Veränderung
des Anfrageprozesses das Durchsetzen der Tarife erheblich erleichtert.

Gerade im Hinblick auf die Durchsetzung der Branchentarifzuschläge, der Einhaltung von Equal Pay, der Verkürzung der Überlassungszeiten und deren Wert-
berücksichtigung für die Errechnung des Urlaubsgeldes und der damit verbundenen
Liquidität Ihres Unternehmens, ist dem Thema Preiskalkulation besondere Be-
achtung zu schenken.

Bitte prüfen Sie hier im Zusammenhang Ihre Kenntnisse. Das Wissen über
Personalnebenkosten, Branchentarifzuschläge, Equal Pay, die Preisgestaltung im
Allgemeinen und die Zusammensetzung des Faktors (was verbirgt sich hinter einem
Faktor von 1,97?) sind ein „Muss" für erfolgreiches Wirtschaften. Das Thema ist zu
komplex, um es professionell in diesem Kontext darzustellen. Wir unterstützen Sie
gerne mit entsprechenden Tools und Coachings. Ein letzter Satz noch:

▶   Sollten Sie nie oder nur sehr selten Preisverhandlungen oder Preisdis-
     kussionen führen, sind Sie zu billig (s. Abb. 4.1)!

Abb. 4.1 Video Preisverhandlung (▶ https://doi.org/10.1007/000-2ga)

Literatur

Truchseß N, Brandl M (2021) Erfolgreich in der Personalvermittlung, 3. Aufl. Springer Gabler, Wiesbaden

Neue Wege in der Akquisition für Personaldienstleister – seriös und kompetent

5

Zusammenfassung

Erfahren Sie in diesem Kapitel, wie Kontaktketten wirklich sinnvoll funktionieren. Wie verankern Sie sich und Ihre Dienstleistung im „Hinterkopf" Ihrer Zielkunden? Hartnäckig dranbleiben, ohne den Kunden „auf den Geist" zu gehen und mit neuen Vertriebswegen und Vertriebsmethoden für Spaß und Abwechslung sorgen. Vertrieb muss Freude machen, sonst funktioniert er nicht. Wir zeigen, wie das geht, unter anderem mit dem von uns entwickelten „TPS – Touch Point Selling".

Wie wir bereits gesehen haben, ist die Personaldienstleistungsbranche sehr aktiv in ihren Akquisitionsbemühungen. Die folgenden Empfehlungen, neue Wege im Vertrieb zu gehen, werden Ihnen mehr Sicherheit und Kreativität geben und Sie in Ihrem Zeitmanagement unterstützen.

Uns ist bewusst, dass es gerade Neueinsteiger in diese Branche schwerer haben, professionelle Personalarbeit positiv mit Vertriebsaktivitäten zu verbinden. Immer wieder bestehen Vorbehalte, da sich Vertrieb und Personalarbeit scheinbar zu widersprechen scheinen.

Die beiden Aufgaben gehören jedoch zusammen, wenn Sie sich vergegenwärtigen, dass Sie in der Zeitarbeit nur dann ein guter Personaler sind, wenn Sie optimale Vertriebsarbeit leisten. Ihre Aufgabe als Personaldisponent ist es, attraktive Arbeitsplätze für Ihre Mitarbeiter zu finden, und Sie tragen dafür die betriebswirtschaftliche Verantwortung. Nicht zuletzt wegen des aktuellen Fachkräftemangels wandelt sich die Personalarbeit hin zu einer stark vertrieblichen Tätigkeit.

© Springer Fachmedien Wiesbaden GmbH, ein Teil von Springer Nature 2021   107
N. Truchseß, M. Brandl, *Zeitarbeit erfolgreich verkaufen*,
https://doi.org/10.1007/978-3-658-33640-0_5

5.1   Touch Point Selling mit dem „6-in-8-Konzept"

Stellen Sie sich einmal folgende Frage: Warum beauftragt Sie ein Unternehmen aus dem Bereich Ihrer Zielkunden oder Wunschkunden zum ersten Mal? Und, vorausgesetzt Sie können den Auftrag besetzen, warum wird dieser Kunde zum lang ersehnten Neukunden?

Im Grunde zerbrechen sich zahlreiche Experten seit gefühlten Ewigkeiten den Kopf über diese Frage, und das führt uns zu einer entsprechend großen Anzahl an möglichen Antworten:

- Der Kunde beauftrag Sie, weil er hat Bedarf hat.
- Der bisherige Personalpartner des Kunden kann den Auftrag nicht besetzen.
- Der Kunde ist von Ihnen am Telefon, bei einem Erstbesuch oder durch Ihr Angebot überzeugt, deshalb und bekommen Sie jetzt eine Chance.
- Der Kunde ist von Ihrer Qualität überzeugt.
- Der Kunde ist von Ihrer Vorgehensweise in der Ansprache und Akquise überzeugt.
- Der Kunde hat nur Positives gehört oder wurde durch eine Empfehlung auf Sie aufmerksam.
- Der Kunde hat Sie rein zufällig in den Gelben Seiten oder im Internet entdeckt.
- Der Kunde war früher schon einmal Kunde bei Ihnen.
- Der Kunde ist von dem von Ihnen angebotenen Mitarbeiter überzeugt.
- Der Kunde hatte Ihr Angebot oben auf dem Stapel.
- Der Kunde hatte Ihre Visitenkarte griffbereit.
- usw.

Keine dieser Antworten ist falsch, viele oder eine Kombination aus mehreren sind richtig. Und doch stellt sich gleichzeitig die Frage: worauf lässt sich eine funktionierende Strategie aufbauen, und wie lässt sich der Zufallsfaktor weitestgehend ausschalten?

Den meisten zuvor genannten Antworten geht eine ganz simple Tatsache voraus: *Der Kunde denkt an Sie! Sie sind ihm eingefallen, als er an eine flexible Personallösung dachte!* Er hat sich an Sie oder Ihr Unternehmen erinnert. Alle Verkäufer und Werbetreibende verfolgen genau dieses Ziel. Dafür investieren Unternehmen hierzulande Milliarden in Werbung und Vertriebspersonal. Das „TPS 6-in-8-Konzept" zeigt Ihnen einen Weg auf, wie Sie es schaffen, sich ohne hohe Investition in teure Werbung bei Ihren Ziel- und Wunschkunden im Unterbewusstsein zu verankern.

5.1.1   Grundgedanken zur Neukundenstrategie

Bevor wir uns anschauen, wie dieses „Verankern" funktioniert, ist es sinnvoll, sich mit dem Begriff der Neukundenstrategie grundsätzlich auseinanderzusetzen. Wer eine selbst erarbeitete Strategie verfolgt und diese stets auf ihre Aktualität und Richtigkeit hin überprüft, tut sich wesentlich leichter, das Thema Neukundenakquise in seinen Alltag zu integrieren. Zudem steigert eine durchdachte Strategie die Schlagzahl, sie sorgt für Kontinuität, und auch das eigene Zeitmanagement funktioniert wesentlich besser, wenn man mit Methode und System vorgeht und die Vertriebsprozesse stimmen. Es sollte eigentlich selbstverständlich sein, aber sicherheitshalber noch ein Hinweis: eine klare Zielorientierung sollte Teil bzw. Ergebnis einer eindeutigen Strategie sein, denn: Ohne Ziel, kein Weg!

Eine erfolgreiche TPS-Neukundenstrategie besteht aus Antworten auf folgende drei Fragen:

1. Wie ist mein Istzustand? (Ausgangspunkt)
2. Wo will ich hin und wann? (Ziel/Zeit)
3. Was genau muss dafür getan werden? (Weg)

Ausgangspunkt: Wie ist mein Istzustand?
Wenn Sie Ihren Ist-Zustand definieren und beschreiben möchten, ist es sinnvoll, sich in die Lage eines anderen zu versetzen. Denken Sie zum Beispiel an einen Banker, einen Sanierer oder einen Unternehmensberater, der in Ihr Unternehmen oder in Ihre Niederlassung kommt und viele Fragen zum Istzustand stellt, weil Sie beispielsweise gerade um einen weiteren Kredit gebeten haben. Welche Fragen wären wohl wichtig? Selbstverständlich wären Zahlen ein großes Thema: Umsatz, Rohertrag, Preise, Kosten und Gewinn sind Standard. Aber was noch? Welche Fragen geben Auskunft über Ihre Situation im Bereich der Neukundenakquise? Einige Beispiele:

- „Wie viele aktive Kunden haben Sie zurzeit?"
- „Wie viele inaktive Kunden gibt es?"
- „Wie viele Neukunden konnten Sie in den letzten zwölf Monaten gewinnen?"
- „Welche Branchen bedienen Sie, welche nicht?"
- Wie ist Ihr Business-Mix (Anteil der verschiedenen Qualifikationen)
- „Wer sind Ihre wichtigsten Zielkunden?"
- „Wie viele Vertriebsaktivitäten werden durchgeführt (Telefonate/Besuche pro Tag/Woche/Monat/Jahr)?"

- „Welche Vertriebsaktivitäten führen Sie durch?"
- „Wie viele Aktivitäten sind durchschnittlich pro Neukunde notwendig?"
- „Was ist Ihre Spezialisierung? Wo liegen Ihre Kernkompetenzen?"
- „Wodurch unterscheiden Sie sich von Ihren Wettbewerbern?"
- „Wie würden Sie Ihren Leistungsumfang beschreiben?" (Was bieten Sie noch außer Arbeitnehmerüberlassung?)
- „Was können Sie nicht leisten?"
- … usw.

Nehmen Sie sich einen Block und versuchen Sie, diese Fragen für sich selbst zu beantworten. Sie werden feststellen, dass Sie nicht alle ad hoc beantworten können. Das ist völlig normal, da uns ja glücklicherweise moderne IT-Lösungen eine Menge Arbeit abnehmen (unter der Voraussetzung, dass die Daten gepflegt und aktualisiert sind). Sie sollten daher sicherstellen, dass die Antworten zumindest in Ihrem System zu finden sind. Gute Controlling- und Statistiktools gehören ebenso zum Handwerkszeug eines Verkäufers wie der Firmenwagen und das Handy.

Die Frage nach den wichtigsten Zielkunden sollten Sie auch ohne EDV beantworten können (das ist Pflicht!). Lernen Sie Ihren Markt kennen, denn je genauer Sie Ihre Chancen im Fokus haben, desto bessere Ergebnisse werden Sie erzielen. Dazu gehören auch solide Informationen über die regionalen Wettbewerber und deren Kunden.

Wodurch zeichnen sich überdurchschnittlich erfolgreiche Verkäufer neben der richtigen Strategie noch aus? Einige Beispiele:

- Hartnäckigkeit
- Fleiß
- Durchhaltevermögen
- Marktkenntnisse
- Zeitmanagement
- Vertriebstechnik/Verkaufs-Können (wie in diesem Buch beschrieben)
- Serviceorientierung
- Kundenorientierung
- Fachkenntnisse
- Beratungskompetenz
- Lösungskompetenz
- Empathie

Wie Sie sehen, sind viele weiche Faktoren ausschlaggebend. Ein bunter Mix aus persönlichen und fachlichen Skills ist am Ende entscheidend. Zurück zur Strategie.

Ziel: Wo will ich hin und wann?
Die Frage nach dem Wohin und Wann enthält viele Elemente, die für die Formulierung der Zielsetzung bedeutend sind. Eine Zielsetzung, die man sich selbst erarbeitet, hat den Vorteil, dass der Wille und die Motivation zur Erreichung entsprechend hoch sind. Zielvorgaben von oben sollten, wenn möglich, als sinnvoll angesehen werden, sie sind jedoch nicht annähernd so effektiv wie selbst formulierte Ziele. Eines haben aber alle Ziele gemeinsam: Sie sollten realistisch, dennoch anspornend, aber vor allem erreichbar sein.

Welche Fragen müssen Sie sich für Ihre „Touch Point Selling Neukundenstrategie" stellen?

- Welche Kunden möchten wir akquirieren?
- Wollen wir uns zum Beispiel auf tarifgebundene Kunden konzentrieren?
- Wie lange sollte die durchschnittliche Überlassungszeit bei einem Kunden sein?
- Welche Branchen möchten wir bedienen, welche nicht?
- Wie viele Neukunden wollen wir pro Jahr gewinnen?
- Welcher Neukundenumsatz soll realisiert werden?
- Welche Qualifikationen möchten wir beschäftigen bzw. anbieten können?
- Welche möchten wir nicht anbieten?
- Wie soll unsere zukünftige Preisstrategie aussehen?
- Wofür stehen wir und was zeichnet uns aus?
- Welche weiteren Dienstleistungen möchten wir anbieten?
- Bis wann möchten wir unsere Ziele umsetzen?
- Wann und in welchen Abständen werden die Ergebnisse verifiziert und die Ziele gegebenenfalls angepasst?
- Welche Zwischenziele sind sinnvoll und bis wann sollen diese erreicht werden?

Die Frage „bis wann?" können wir Ihnen nicht beantworten, da der Zeitpunkt bzw. die Zeitspanne stark abhängig ist vom Istzustand bzw. sämtlichen äußeren Umständen. Hier spielen viele Faktoren eine Rolle, wie zum Beispiel die Unternehmensgröße, die Erfahrung der Stammbelegschaft oder der Bekanntheitsgrad am jeweiligen Standort. Grundsätzlich kann man aber davon ausgehen, dass sich Erfolge im Bereich der Neukundengewinnung nicht von heute auf morgen einstellen. Von daher ist es in den meisten Fällen durchaus ratsam, in Monaten zu

planen, denn Veränderungen brauchen Zeit, wenn sie positiv und wirkungsvoll sein sollen.
Versetzen Sie sich bei der Beantwortung der zuvor aufgeführten Fragen also in die Zukunft, zum Beispiel ein Jahr voraus. Achten Sie darauf, dass Sie die Fragen nacheinander in der Jetztform beantworten:

- wir stehen für …
- wir bedienen die Branchen …
- wir sind spezialisiert auf …
- wir setzen unseren Fokus auf …
- unsere Anzahl an Neukunden im letzten Jahres beträgt …
- unser Neukundenumsatz beläuft sich auf …
- … usw.

Dieser kleine Trick bei der Strategie- bzw. Zielfindung ist für die Erreichung ungemein hilfreich. Wir visualisieren dabei einen Istzustand in der Zukunft, der sich im Unterbewusstsein verankert und fortan das Verhalten und Handeln beeinflusst. Zudem ist es wichtig, dass alles schriftlich ausgearbeitet und symbolisch durch eine Unterschrift aller mitwirkenden Personen besiegelt wird. Letzteres gilt auch für die abschließende Frage zum Thema Strategie.

Strategieweg: Was genau muss dafür getan werden?
- Wie viele Kontakte (Touch Points) brauchen wir, um die gewünschte Anzahl an Neukunden zu gewinnen?
- Wie kann die Qualität der Touch Points stetig verbessert werden?
- Welche Touch Points werden wir ab sofort verstärkt nutzen?
- Wie stark spielen Social-Media-Strategien dabei eine Rolle?
- Wie viel Zeit müssen wir für das Thema Vertrieb zukünftig einplanen?
- Wie könnte eine interne Einteilung zukünftig aussehen?
- Wen habe ich im Team, der entsprechend unterstützen kann?
- Was muss ich organisatorisch (intern) verändern?
- Wie wirkt sich dies fortan auf unsere tägliche/wöchentliche Arbeit aus?
- Wo im Prozess kann ich effizienter arbeiten, Zeit einsparen und diese für Vertrieb und Rekrutierung nutzen?

Die Umsetzung wird für Sie einfacher, je detaillierter und präziser Sie die Fragen und Antworten bearbeitet haben. Auch wenn im Anschluss möglicherweise klar wird, dass sich vieles stark verändern wird bzw. jeder Einzelne im Team hart

an sich und seinem Zeitmanagement arbeiten muss, wird diese Vorarbeit entscheidend dazu beitragen, dass Ihre Bemühungen von Erfolg gekrönt sind.
Mit dem „TPS 6-in-8-Konzept" erhalten Sie zuverlässige Antworten auf die
ersten drei Fragen. Dieses Konzept garantiert Ihnen eine systematische Bearbeitung
Ihrer Zielkunden sowie eine extreme Steigerung Ihres Bekanntheitsgrades. Voraussetzung ist allerdings, dass Sie das Konzept konsequent anwenden.

5.1.2   Die Idee „6 in 8"

Die Hintergründe

Die klassische Werbeindustrie arbeitet bereits seit geraumer Zeit mit verschiedenen
Modellen der Wiederholungstechnik. Werbung hat eine eigene Sprache, die den
Konsumenten unbewusst anspricht, sodass der Angesprochene es nicht immer di-
rekt wahrnimmt.

Wenn das Produkt dann in einem Laden liegt, erinnert sich der Konsument nicht
immer direkt an die Werbung, sondern nur an die Schlüsselreize, mit denen ihn die
Werbung angesprochen hat. Dieser Effekt wird in der Psychologie als klassische
Konditionierung bezeichnet.

Werbemethoden

Die Aufmerksamkeit auf einen Werbespot oder eine Anzeige zu lenken und dafür
zu sorgen, dass der Betrachter sie auch wahrnimmt, ist nur ein Schritt auf dem Weg
zu einer erfolgreichen Werbekampagne. Der nächste Schritt besteht darin, in der
Erinnerung des Konsumenten zu bleiben, um langfristig Einfluss auf dessen Kaufverhalten zu nehmen. Aus der Lernpsychologie und aus der Gedächtnispsycho-
logie gibt es dazu grundlegende Erkenntnisse, auf die der Werbetreibende zurückgreifen kann.

Wiederholung

Die Wiederholung ist das einfachste Mittel, um etwas längerfristig im Gedächtnis
zu verankern. Ein immer und immer wieder gesehener oder gehörter Werbespot
wird sich früher oder später in unser Gedächtnis einbrennen, gleichgültig, ob er gut
oder schlecht ist. Diese Tatsache können Sie bei sich selbst überprüfen. An welchen Spot denken Sie als erstes beim Thema Radiowerbung? Haben Sie schon eine
Idee? Hat es vielleicht etwas mit Müsli zu tun? Oder etwa mit Windschutzscheiben
für Pkw? Wie sieht es mit TV-Spots aus, welche fallen Ihnen hier sofort ein? Und
schauen Sie sich die Sozialen Medien an. Nutzen Sie Facebook? Welche Werbung

wird Ihnen hier immer wieder angezeigt? Was davon haben Sie eventuell sogar schon gekauft? Die Strategie der Wiederholung führt zwar im Hinblick auf Erinnerung zum Erfolg, der Effekt der Imagesteigerung aber bleibt im ersten Step aus. Auch das ist leicht zu überprüfen, denn oftmals empfinden wir gerade die Spots als eher schlecht oder „nervend", die uns wiederum als Erstes einfallen. Den Werbetreibenden ist das völlig egal, denn deren Ziel ist es, die Werbebotschaft in unserem Unterbewusstsein zu verankern, und das ist ihnen gelungen. Da jede Wiederholung einer Werbebotschaft Geld kostet, nutzen Marketingexperten weitere Kenntnisse der Lernpsychologie, um die Zahl der notwendigen Wiederholungen ihrer Touch Points zu reduzieren.

Für Sie als Verkäufer in der Zeitarbeit ergeben sich also folgende Fragen:

- Wie oft und in welchem Gesamtzeitraum muss ich meine Wunschkunden und Zielkunden ansprechen?
- Mit welchen Mitteln und Methoden ist die Ansprache Erfolg versprechend?
- Welche Berührungspunkte in welchem Zeitraum?
- Welche Touch Points mit welcher frequency?

Unser Konzept und unsere Erfahrungswerte aus unseren unzähligen erfolgreichen Projekten liefern Ihnen die Lösung: Wenn ein Konsument einen Produktnamen, den Namen eines Verkäufers oder einen Firmennamen innerhalb von acht Wochen, sechsmal liest, hört, sieht, ausspricht oder fühlt, so bleibt dieser in seinem Unterbewusstsein verankert und abgespeichert, ob er will oder nicht. Und zwar für immer!

Von der Theorie in die Praxis

Das „6-in-8-Konzept" sagt also aus:

▶   Wenn wir es in der Personaldienstleistung schaffen, unseren Zielkunden innerhalb von acht Wochen sechsmal so zu kontaktieren, dass ihm unser Name oder der unseres Arbeitgebers genannt oder geschrieben wird, so bleibt ihm dieser für immer und ewig im Unterbewusstsein abgespeichert!

Anders ausgedrückt: Sie brauchen innerhalb von 8 Wochen 6 Berührungspunkte mit Ihrem Zielkunden (Ansprechpartner), also 6 Touch Points in 8 Wochen pro Unterbewusstsein.

Tab. 5.1 Touch Points für das „6-in-8-Konzept"

Telefon	Persönlich	E-Mail	Post	Sonstige
Recherche-gespräch Ziel- oder Termingespräch Referenzakquise Empfehlungs-akquise Stellenanzeigen nachtelefonieren Aktive Platzie-rung von Mitarbeitern und Bewerbern Nachfasstele-fonate	Terminbesuch Kaltbesuch „Lauwarm-besuch" Virtueller Besuch/Termin Unterlagen persönlich vorbeibringen Besuch zu Schichtbeginn (mit Mit-arbeitern) Aktionsbesuche (Ostern, Weihnachten etc.) Arbeitsplatz-besichtigungen (auch bei Zielkunden möglich) Tag der offenen Tür	Angebote Profile Unternehmens-präsentationen Kontaktdaten E-Cards Nachfass-E-Mail Zweistufige Mailingaktionen Video-Hack (Videobotschaft)	Angebote Profile Unternehmens-präsentationen Briefe (zum Beispiel Nachfassbriefe nach Besuchen) Reaktion auf Stellenanzeige PR-Marketing Postkarten Zweistufige „Mailing-aktionen" per Post	XING, LinkedIn, Facebook, Instagram und Co. Verbandsarbeit Unternehmer-stammtisch Private Be-ziehungen (zum Beispiel im Sport) Messen Geburtstage Namenstage Feiertage Jubiläen Urlaub oder Krankheit des Ansprechpartners

Das heißt natürlich nicht, dass Sie Ihren Zielkunden innerhalb von acht Wochen sechsmal anrufen sollen. Entscheidend ist der richtige Mix der zur Verfügung ste-henden Touch Points in der optimalen Reihenfolge sowie das Einhalten der zeitlich begrenzten Vorgabe von acht Wochen.

Zu diesem Zweck ist es notwendig, dass Sie sich erst einmal aller Möglich-keiten bewusst werden, denn meistens denken Verkäufer an die üblichen Vertriebs-wege und die reichen in der Tat nicht aus. Welche Touch Points kennen wir?

- telefonischer Kontakt
- persönlicher Kontakt
- Kontakt via E-Mail
- schriftlicher Kontakt (postalisch)

Die Lösung liegt nun darin, diese Kategorien genauer zu betrachten. Jede einzelne Kontaktart lässt sich hervorragend in verschiedene Formen, Anlässe, Techniken und „Aufhänger" unterteilen. Sie bieten uns am Ende einen großen „Blumenstrauß" an Möglichkeiten, der nach Belieben eingesetzt werden kann.

Diesen Mix fassen wir zusammen unter dem Begriff „Touch Points" (Berührungs-punkte). Ihre Zielkunden werden sechsmal in acht Wochen kontaktiert, ohne dass Sie dabei negativ in Erinnerung bleiben oder Ihrem Ansprechpartner penetrant erscheinen, „auf den Geist" gehen oder diesen „nerven" (denn genau davor haben die meisten Verkäufer Angst).

Die Fragen lauten:

- Welche Anlässe für Telefonate gibt es in der Neukundenakquise?
- Welche Besuchsvarianten gibt es in der Akquisephase?
- Welche E-Mail-Einsätze kennen Sie?
- Welche schriftlichen Möglichkeiten (Briefform) haben Sie zur Auswahl?
- Welche Akquiseansätze gibt es (Aufhänger)?
- Kurz: Welche Touch Points kennen und nutzen wir in der Neukundenakquise?

Allein die Auflistung in Tab. 5.1 zeigt Ihnen 38 verschiedene Möglichkeiten, Ihre Zielkunden zu kontaktieren. Viele der hier erwähnten Touch Points wurden in diesem Buch bereits ausführlich beschrieben. Zu einigen anderen möchten wir Ihnen einige Erklärungen bzw. Anmerkungen geben.

5.1.3 Referenzen am Telefon einholen

Eine schöne Möglichkeit der telefonischen Kundenansprache ist es, Referenzen unserer künftigen Mitarbeiter einzuholen. Hier gibt es generell zwei alternative Vorgehensweisen und jeweils damit verbundene Ziele:

Möglichkeit A
Im Interview fragen wir unsere Bewerber nach ihren letzten Arbeitsplätzen. Das muss bei einem Arbeitsvertrag zwischen einer Zeitarbeitsfirma und einem Bewerber ohnehin getan werden, um verschiedene Details wie Branchenzuschläge, Berücksichtigung von Equal Pay oder die gesetzliche Höchstüberlassungsdauer in Erfahrung zu bringen. Die Fragen im Interview könnten also lauten:

- „Wo haben Sie denn bisher gearbeitet?"
- „In welchen Fällen handelte es sich um ein Zeitarbeitsverhältnis?"
- „Wo hat es Ihnen besonders gut gefallen?"
- „Würden Sie dort gerne wieder arbeiten?"
- „Wie hieß denn Ihr damaliger Ansprechpartner im Unternehmen?"

- „Haben Sie zufälligerweise noch dessen Kontaktdaten?" (In Zeiten von Smartphones werden Sie überrascht sein, wie häufig die entsprechenden Telefonnummern abgespeichert sind).
- „Wie wäre es, wenn ich Sie dort direkt ins Gespräch bringe? Vielleicht haben wir Glück und der Ansprechpartner sagt zu."

Das Telefonat mit den betreffenden Personen können Sie entweder direkt in Anwesenheit des Bewerbers führen oder zu einem späteren Zeitpunkt. Der Telefonleitfaden ist ähnlich wie der im Bereich der „aktiven Platzierung":

Beispiel

PD:	„Hallo Herr … Mein Name ist … von der Firma … Zeitarbeit. Kennen Sie unser Haus?"
Kunde:	„Nein. Was kann ich für Sie tun?"
PD:	„Ich habe gerade ein sehr erfolgreiches Bewerbungsgespräch mit Herrn … geführt. Da ich ihm gerne einen festen Arbeitsvertrag anbieten möchte, habe ich ihn gefragt, bei welcher Firma es ihm denn bisher am besten gefallen hat. Er nannte Ihre Firma. Wie sehen denn die Chancen von Herrn … aus, bei Ihnen langfristig wieder ein Projekt zu erhalten?"
Kunde:	„Hm, da muss ich beim entsprechenden Bereichsleiter nachfragen. Generell habe ich eine positive Erinnerung an ihn. Sobald ich etwas weiß, melde ich mich bei Ihnen."
PD:	„Vielen Dank für Ihre Unterstützung. Können wir kurz unsere Kontaktdaten abgleichen? Herr … freut sich gerade sehr über das erste Feedback. Bis wann kann ich ihm denn eine Rückmeldung geben?"
Kunde:	„Ich denke, bis morgen früh."
PD:	„Dann melde ich mich morgen früh um neun Uhr bei Ihnen. Wie intensiv arbeiten Sie denn in diesem Jahr mit Personaldienstleistern?"

Mit dieser Vorgehensweise haben Sie die Möglichkeit, weitere akquisitorische Fragen zu stellen und sich drei Vorteile zu sichern:

- Sie beeindrucken Ihren künftigen Mitarbeiter durch Ihr professionelles Verhalten, denn er fühlt sich wertgeschätzt und er sieht, dass Sie sich um ihn kümmern.
- Sie haben eine konkrete Einstiegsmöglichkeit im Bereich der Neukundenakquise.
- Sie erhalten eine Referenz vom früheren Arbeitgeber Ihres Bewerbers und können somit klar entscheiden, ob Sie ihn einstellen werden.

Möglichkeit B

Diese Alternative im Bereich der Referenzakquise eignet sich für Kandidaten bzw. Bewerber, die bisher über keine Zeitarbeitsfirma überlassen wurden. Der Einstieg in das Gespräch mit dem Kunden kann zum Beispiel wie folgt hier aussehen:

Beispiel

PD:	„Mein Name ist … Ich rufe aus dem Hause … an. Kennen Sie die Firma … Zeitarbeit?"
Kunde:	„Nein. Kenn ich nicht."
PD:	„Wir sind ein inhabergeführtes mittelständisches Unternehmen und spezialisiert auf die Vermittlung von (gewerblichen, technischen, kaufmännischen) Fachkräften. Ein Qualitätsstandard unseres Hauses ist es, generell Referenzen unserer Kandidaten/Bewerber einzuholen."
Kunde:	„Aha, interessant. Wir geben hier generell keine Auskunft."
PD:	„Vielen Dank für Ihre Offenheit. Wäre es möglich, mir dann nur eine einzige Frage in Bezug auf unseren Kandidaten zu beantworten?"
Kunde:	„Welche denn?"
PD:	„Ob Sie ihn noch einmal einstellen würden?"
Kunde:	„Das ist für mich ok. Um wen geht es denn?"
PD:	„Herrn … Können Sie sich an ihn erinnern?"
Kunde:	„Ja, das kann ich. Sehr positiv sogar. Wann will er denn bei Ihnen anfangen?"

… usw. ◄

Sie finden zu einem späteren Zeitpunkt auch wieder neue Ansätze, mit deren Hilfe Sie einen professionellen Eindruck in Bezug auf Ihren Bewerberauswahlprozess hinterlassen können.

Im Zuge der AÜG-Reform und der damit verbundenen Strafen bei Ordnungswidrigkeiten nimmt die Referenzakquise an Bedeutung zu. Denn gerade im Anlernkräftebereich können die Bewerber oft keine Zeugnisse vorlegen, wissen entweder nur noch den Namen des Personaldienstleisters oder den der Firma, bei der sie beschäftigt waren. Wenn Sie künftig rechtssicher arbeiten möchten und Ihnen keine Informationen zur Verfügung stehen, wo Ihr Bewerber die letzten drei Monate verbracht hat, ist es rechtlich notwendig, dass Sie sich diese Zahlen, Daten und Fakten sichern.

5.1.4   Auf Stellenanzeigen antworten

In der Personaldienstleistungsbranche ist das Nachtelefonieren von Stellenanzeigen eine sehr beliebte und stark genutzte Form der telefonischen Akquise.

Häufig werden aber in der Ausführung eine Menge Fehler begangen. Wenn Sie beispielsweise samstags eine attraktive Stellenanzeige im Internet oder in der Zeitung entdecken, rufen Sie bei diesem Unternehmen dann am Montag an? So jedenfalls würden es die meisten machen. Doch ist das wirklich sinnvoll? Wie reagiert ein Personalverantwortlicher, der gerade 4000 € in eine Zeitungsanzeige investiert hat, auf Ihren Anruf? Und wie viele weitere Personaldienstleister rufen noch an diesem Montag an? Sehr viele! Und die Reaktionen Ihrer potenziellen Kunden werden entsprechend ausfallen, denn in der Regel wollen und müssen Ihre Ansprechpartner erst einmal den Rücklauf auf die Anzeige abwarten. Die Auswertung der Bewerbungseingänge kann je nach Unternehmensgröße bis zu mehreren Wochen dauern. Daher lautet unsere Empfehlung: Kontaktieren Sie den Kunden frühestens am folgenden Donnerstag.

Es gibt jedoch eine Ausnahme dieser Regel, nämlich wenn folgende Voraussetzungen erfüllt sind:

1. Sie haben tatsächlich einen passenden Top-Kandidaten sofort zur Verfügung (freier Mitarbeiter oder Bewerber) und der Kandidat ist noch nicht über eine andere Zeitarbeitsfirma angeboten worden.
2. Der Kandidat ist vorab informiert, an der Stelle und der Firma interessiert und er hat sich selbst auch nicht auf diese Stelle beworben.

Nur dann könnten Sie direkt am Montag mit dem folgenden Einstieg anrufen folgendem Wortlaut (Auszug):

Beispiel

PD: „… ich weiß, Sie haben gerade viel Geld in eine Suchanzeige investiert und wollen sicher erst einmal den Rücklauf abwarten. In der Regel rufen wir auch nicht gleich montags an, nur es wäre wirklich sehr schade, wenn Sie unseren Kandidaten, gerade im Hinblick auf seine … Qualifikation (hier einen Wortlaut aus der Anzeige verwenden), nicht in Ihrem Bewerbungsprozess berücksichtigen würden, denn er entspricht voll und ganz Ihren Vorstellungen in der Anzeige. Was halten Sie davon, wenn ich Ihnen unsere Kandidatenempfehlung maile und wir sie kurz besprechen?"

Oder:

PD:	„Kennen Sie die Firma Zeitarbeit?"
Kunde:	„Nein."

| PD: | „Wir sind ein Personalberatungshaus und auf die Vermittlung von ... Fachkräften spezialisiert. Der Grund meines Anrufes ist Ihre attraktive Stellenanzeige. Ich würde Sie nicht schon heute anrufen, denn Sie möchten sicher, den eigenen Bewerbungseingang abwarten, wenn ich nicht den idealen Kandidaten für diese Position hätte." |

In manchen Fällen kann es sogar klug sein, erst zwei Wochen und nicht schon vier Tage nach der Veröffentlichung anzurufen. Unabhängig vom Zeitraum könnte der Gesprächseinstieg folgendermaßen lauten:

Beispiel

PD:	„... Sie hatten vor zwei Wochen eine Anzeige zum Thema ... in der ... Zeitung. Wie zufrieden sind Sie mit dem Bewerbungseingang? Wie können wir Sie unterstützen ...?"
Kunde:	„Wir sind zufrieden. Wir haben viele Bewerbungen."
PD:	„Und wie zufrieden sind Sie mit der Qualität der Bewerbungen?"
Kunde:	„Na ja, die könnte besser sein. Wir haben viel Arbeit damit, jetzt den nicht geeigneten Bewerbern wieder abzusagen ..."

Falls der Kunde so reagiert, haben Sie eine sehr gute Basis für Ihre Argumentation, um den Kunden davon zu überzeugen, bei künftigen Vakanzen mit einem externen Personaldienstleister, wie Ihnen, zusammenzuarbeiten: Er spart sich den zeitlichen und finanziellen Aufwand, und darüber hinaus muss er die gesetzlichen Regelungen (Frau, Mann, Alter, Religion, Nationalität) nicht beachten.

Nur ein intelligentes Vorgehen beim Nachtelefonieren von Stellenanzeigen eröffnet Ihnen weitere Chancen auf künftige Kontakte mit dem Kunden. Im obigen Beispiel etwa, dass Sie den Kandidaten vorschlagen können oder dass Sie bei der nächsten zu besetzenden Stelle die Möglichkeit zur Zusammenarbeit bekommen.

5.1.5 Kaltbesuche und Besuche mit telefonischer Vorankündigung

Die besten Erfolgsaussichten bietet immer ein terminierter Besuch mit dem entscheidenden Ansprechpartner. Doch Hand aufs Herz: Wie viele terminierte Besuche bei Zielkunden und Interessenten sind pro Woche/oder pro Monat zu schaffen? Wie einfach oder wie schwierig ist es, solche Termine zu erhalten, gerade bei der Vielzahl an Wettbewerbern? Der Kaltbesuch ist eine der wichtigsten Formen der Akquise und eine gute Ergänzung zu terminierten Besuchen, da Außendienstzeiten auf diese Weise effizient genutzt werden können.

Aus den unterschiedlichsten Gründen schrecken Verkäufer jedoch vor Kaltbesuchen zurück. Trotzdem bleibt es eine sehr gute Chance, Informationen über den Zielkunden zu erhalten: Ansprechpartner, Wettbewerber, Unternehmensgröße, „Optik" des Unternehmens, Unternehmenszweck und vieles mehr lassen sich durch Kaltbesuche perfekt erkunden. Wir haben es noch nie erlebt, dass uns ein Kunde bei einem Kaltbesuch vor die Tür setzte.

Kaltbesuche bieten Ihnen folgende Vorteile:

• Sie erhalten einen wesentlich besseren Gesamteindruck von einem Unternehmen hinsichtlich Betriebsklima, Persönlichkeiten der Firma, Philosophie etc.
• Dadurch haben Sie die Möglichkeit, ein besseres Gespür für Ihre Ansprechpartner zu entwickeln.
• Eine Persona vor Ort bekommt seltener ein „Nein" zu hören als eine unbekannte Telefonstimme.
• Der Kaltbesuch ist die optimale Ergänzung zu Besuchsterminen und trägt somit wesentlich zur Effizienzsteigerung und Kostenreduzierung bei.

Das Entscheidende bei Kaltbesuchen ist, dass man keine zu hohen Erwartungen haben darf und sich keine zu ehrgeizigen Ziele setzen sollte. Wer Kaltbesuche mit dem Ziel durchführt, mit einer Masse an Aufträgen zurückzukommen, wird eher enttäuscht. Die Ziele der Kaltakquise sind wesentlich kleiner:

• sich einen ersten Eindruck verschaffen,
• Name, Position und gegebenenfalls Durchwahl des Entscheiders in Erfahrung bringen,
• eine Basis für die weitere Kontaktkette zu schaffen,
• ein erstes Zeichen setzen (Visitenkarte, Give-aways, Sonderaktionen),
• erste Wettbewerbsinformationen einholen,
• detaillierte Informationen über das Produkt bzw. die Dienstleistung vermitteln.

Im Gegensatz zum Kaltbesuch gibt es noch den sogenannten „Lauwarmbesuch", dem ein angenehmes Telefonat vorausgegangen ist. Es konnte zwar kein Termin vereinbart werden, dennoch war das Gespräch am Telefon geprägt von Freundlichkeit, Offenheit und Interesse. Es wurde zum Beispiel ein Angebot angefordert oder der Kunde hat signalisiert, dass er gerne in der Zukunft auf uns zurückkommen möchte. Zu solchen Unternehmen müssen Sie hinfahren. Bringen Sie Unterlagen persönlich vorbei.

Im „6-in-8-Konzept" ist das Thema Kaltbesuche ein wichtiger Bestandteil und ein Garant des Erfolgs.

Eine weitere, durch die Corona-Krise beschleunigte Besuchsvariante, ist der virtuelle Kundenbesuch. Diese Variante der Gesprächsführung wird mit Sicherheit auch unsere verkäuferische Zukunft prägen und begleiten. Wir müssen die Vorteile von virtuellen Meetings nutzen. Die Voraussetzungen dazu wurden geschaffen, die notwendige Technik ist erschwinglich und die Akzeptanz bei allen Beteiligten ist vorhanden.

5.1.6   Arbeitsplatzbesichtigungen

Oftmals ergeben sich bei den zuvor genannten Besuchen erstaunliche Möglichkeiten, unter anderem die der Betriebsführung oder Arbeitsplatzbesichtigung. Sie müssen nur höflich danach fragen. Viele Unternehmer, Betriebsleiter oder Fertigungsverantwortliche sind stolz auf das, was sie tun und zeigen dies auch gerne. Auch wenn aktuell kein Bedarf besteht, macht es Sinn, das Thema anzusprechen. Wird eine Betriebsbesichtigung abgelehnt, denken Sie daran, dass Sie auch hier mithilfe der Einwandbehandlung (Abschn. 2.7) Ihre Chancen verbessern.

5.1.7   Nachfassbriefe/-E-Mails

Auch das „6-in-8-Konzept" arbeitet mit Nachfassbriefen. Sie sind ein wichtiger Bestandteil der Vertriebsnachbearbeitung, wenn ein persönlicher Kontakt oder Kontaktversuch vorausgegangen ist: immer nach einem Besuchstermin, einem Kaltbesuch, einem Telefonat, einem Aktionsbesuch oder einer aktiven Platzierung.

Der Inhalt eines solchen Textes ist je nach Situation kurz und knapp oder ausführlich und intensiv, jedoch stets kundenorientiert. Hier ein Beispiel für einen Text nach einem Terminbesuch, bei dem Sie einige der in diesem Buch gezeigten Fragen stellen konnten:

Nachfassbrief
Firma
Unser Kennenlernen am 00.00.00.
Sehr geehrte/r Frau/Herr …,
ich möchte mich auf diesem Wege nochmals für den Termin am 00.00.00 bedanken. Ich habe unser Gespräch als sehr informativ empfunden und ich bin mir sicher, wir haben eine hervorragende Grundlage für eine Zusammenarbeit geschaffen. Besonders interessant fand ich … (Bitte Ihren Punkt dazu persönlich ergänzen):
Ich habe Ihre Wünsche und Prioritäten wie folgt notiert:

- Sie setzen vor allem Lagerfachfachkräfte im Bereich der Kommissionierung ein.
- Sie legen Wert auf Erfahrung im Lager und im Umgang mit Kommissionier-Software.
- Es ist von Vorteil, wenn Staplerscheine vorhanden sind.

Darüber hinaus habe ich mir notiert:

- Ein guter Dienstleister zeichnet sich vor allem durch Geschwindigkeit aus.
- Sie legen Wert auf permanente Betreuung der Mitarbeiter im Lager.
- Der für Sie größte Vorteil der Zeitarbeit ist die Flexibilität.

Wir bieten unseren Kunden einen 24/7-Service an. Das hat für Sie den Vorteil einer ständigen Betreuung und Erreichbarkeit und bedeutet gleichzeitig eine extrem schnelle Reaktionszeit, um wichtige gewinnbringende Schlüsselpositionen zu besetzen.
Wir haben vereinbart, dass ich Ihnen bei der nächsten Anfrage eines unserer aussagekräftigen Kandidatenprofile schicke. Ich melde mich telefonisch bei Ihnen am 00.00.00 um 00:00 Uhr.
Ich möchte gerne mit Ihnen ins Geschäft kommen, da ich stets auf der Suche nach attraktiven Arbeitsplätzen für meine Mitarbeiter bin.
Mit freundlichen Grüßen nach …

Was glauben Sie, wie dieser Brief auf Ihren Kunden wirkt? Er zeugt in jedem Fall davon, dass Sie „gut zuhören", „den Kunden verstehen" und seine „Bedürfnisse" erkannt haben.

Außerdem ist er individuell gestaltet. Kein Standardtext aus der EDV. Der Text ist voller Argumentations- und verbindlicher Abschlusstechnik. Solche Instrumente wirken nach und unterscheiden Sie deutlich von Ihren Wettbewerbern. Sie zeigen bereits in der Akquisephase, welchen Stellenwert das Thema Dienstleistung für Sie hat.

Auch nach Telefonaten macht es Sinn, einen kurzen Text zu verfassen. Der Text für ein Nachfass-E-Mail könnte so aussehen:

Nachfass-E-Mail
Betr. Angebot über/Kandidatenempfehlung von ...
Unser Telefonat vom ...
Guten Tag Herr Muster,
vielen Dank für unser Telefongespräch und Ihr erstes Feedback.
Ich freue mich, dass Sie unser Angebot/unsere Kandidatenempfehlung in Ihre Überlegungen mit einbeziehen.
Folgende Details sind noch zu klären:

• Rücksprache mit der Fachabteilung
• tatsächlicher Auftragsbeginn
• Budgetabsprache mit Ihrem Geschäftsführer.

Ich bin sicher, dass Sie mit unserer Dienstleistung/unserem Kandidaten sehr zufrieden sein werden. Ich werde Sie, wie vereinbart, am 00.00.00 anrufen, um die weitere Vorgehensweise mit Ihnen zu besprechen.
Wir benötigen bis zum 00.00.00 Ihre feste Zusage, um Ihren bisher angestrebten Beschäftigungsbeginn am 00.00.00 zu gewährleisten.
Für Fragen vorab stehe ich Ihnen sehr gerne unter der Telefonnummer 0000000 zur Verfügung. Ich freue mich auf unseren nächsten Kontakt und unsere langfristige Zusammenarbeit.
Mit den besten Grüßen wünsche ich Ihnen noch eine erfolgreiche Woche.
... Zeitarbeit GmbH

Selbst wenn das Telefonat eher kurz, unverbindlich und abweisend erschien. Sie zeigen damit Ihren Willen, diesen Kunden zu „knacken", andererseits aber auch Professionalität in Ihrer Arbeitsweise. Darüber hinaus haben Sie einen weiteren „wirkungsvollen" Kontakt im Sinne von „6 in 8", denn der Kunde liest einmal mehr Ihren Namen und Ihr Logo.

An dieser Stelle sei erwähnt, dass der gute alte Brief gerade wieder sein Comeback feiert. E-Mails haben eine Menge Vorteile. Jedoch häufen sich Werbebotschaften und unnötige Korrespondenz und man neigt immer schneller dazu, die Inhalte nur zu überfliegen oder direkt zu löschen. Auf dem klassischen Postweg gehen uns meistens nur unangenehme Schriftstücke wie Rechnungen, Mahnungen oder Versicherungsunterlagen zu. Nur selten ist etwas Persönliches oder Erfreuliches dabei. Ein schöner Brief auf hochwertigem Geschäftspapier, mit Füller unterschrieben und individuell erstellt, bleibt bestimmt positiv in Erinnerung. Zusätzlich wird einer der wichtigsten Sinneskanäle angesprochen, die Haptik (Fühlen, Ertasten).

Dies waren nur einige Beispiele bewährter und umsetzbarer Touch Points. Die Liste ist lang und der Kreativität sind kaum Grenzen gesetzt. Die Kunst ist es, sich zu unterscheiden und gleichzeitig angenehm in Erinnerung zu bleiben. Dabei darf es durchaus auch sehr außergewöhnlich und ein wenig verrückt zugehen, solange gewissen Grenzen der Seriosität nicht überschritten werden. Aber das ist der Kern des „Touch Point Selling": Kreativität + Mut + System!

5.1.8 Umsetzung in die Praxis

Wir wissen, dass die Klaviatur der Touch Points mannigfaltig ist. Es ist also nur eine Frage der Einsatzmöglichkeiten bzw. Ihrer Flexibilität. Ist das Prinzip erst mal verinnerlicht und erstrebenswert, stellen sich drei wichtige Fragen:

- Bei welchen Zielkunden setze ich das Konzept ein?
- Wie viele Zielkunden lassen sich damit gleichzeitig bearbeiten und
- mit welchen Hilfsmitteln und Tools?

Die Antworten bzw. Lösungen zu den Fragen finden sich alle in einem einfachen Tool wieder, unserer Wunschkundenliste. Es handelt sich dabei um ein recht einfaches Excel-Tabellenblatt, das parallel zur sonstigen CRM-Software geführt werden kann und sollte (s. Abb. 5.1). Sie haben damit alle relevanten Unternehmen und Informationen auf einen Blick, und können gleichzeitig die jeweiligen Kontakte und Aktionen in acht Wochen planen (s. Abb. 5.2).

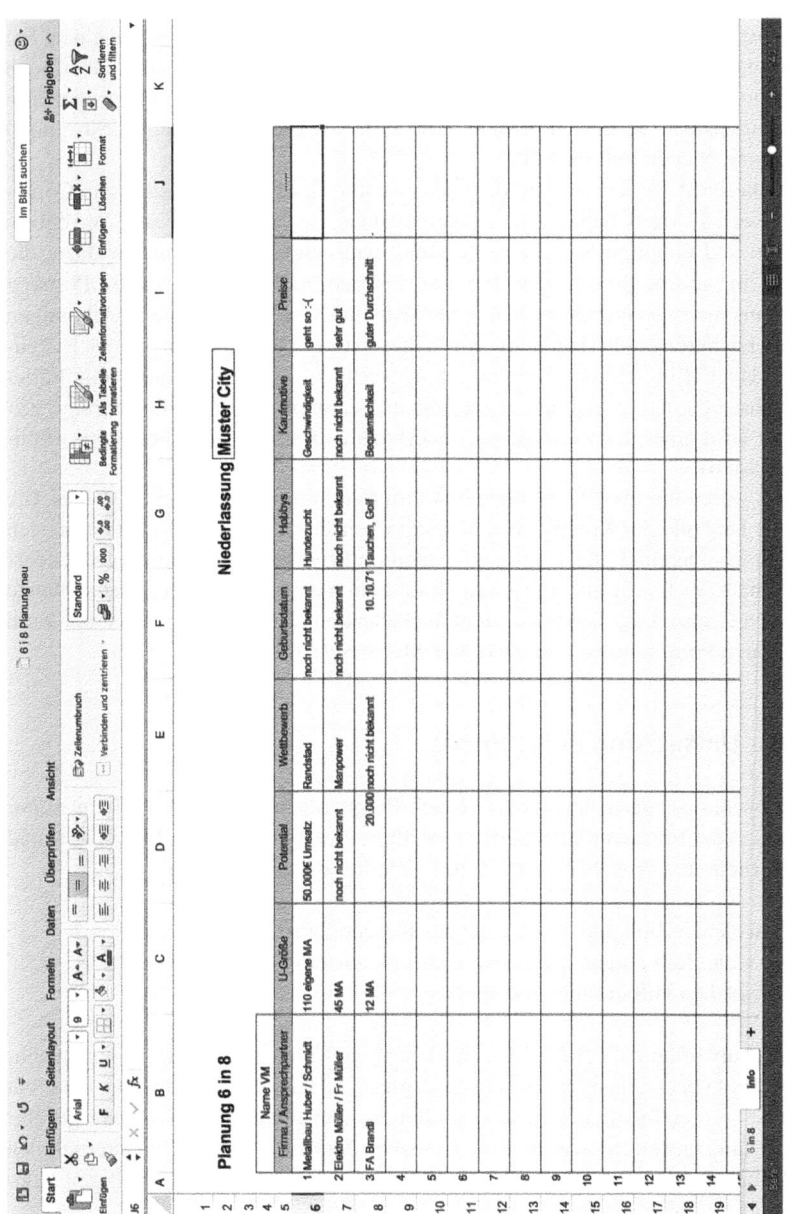

Abb. 5.1 Strategisches Instrument, Excel-Tabellenblatt „Zielkundenplanung"

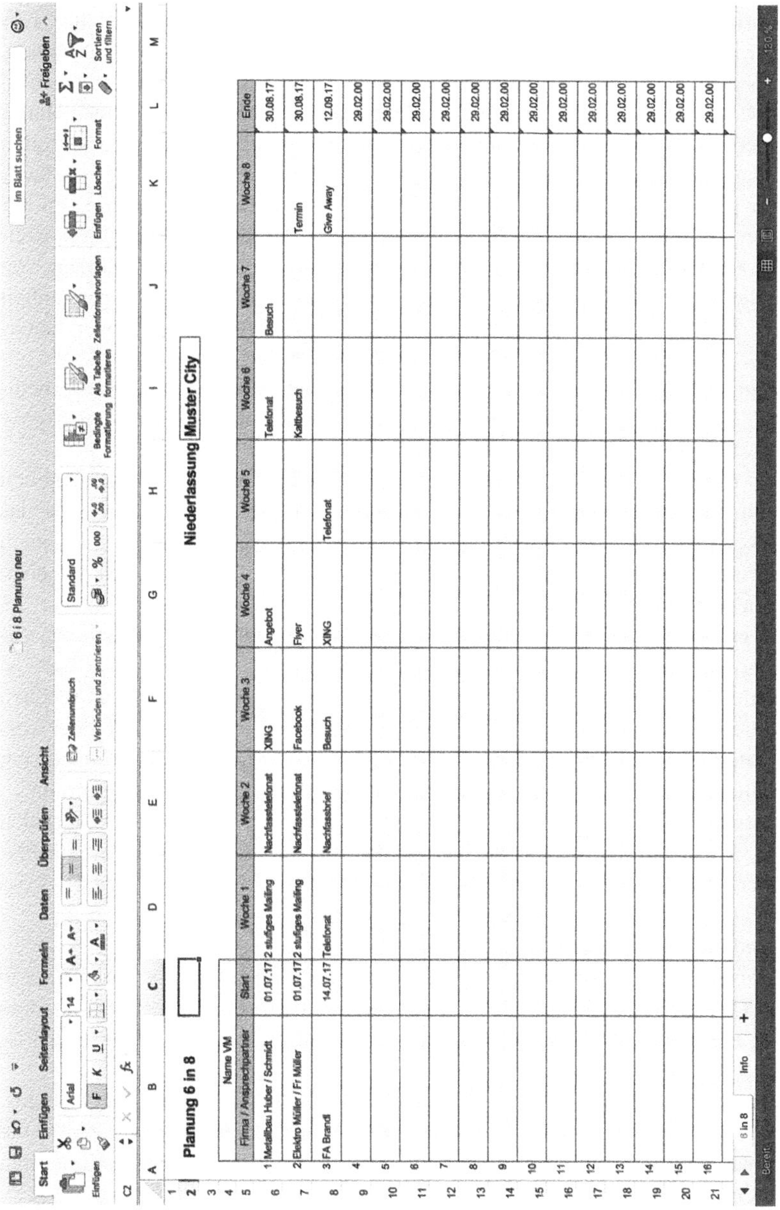

Abb. 5.2 Strategisches Instrument, Excel-Tabellenblatt „Aktionenplanung"

Beginnen Sie also damit, hier Zielkunden/Wunschkunden in eine solche „TPS Target Liste" einzutragen. Im Grunde ist jeder Zielkunde, jedes Unternehmen, jeder Ansprechpartner für eine systematische Bearbeitung mit dem „6-in-8-Konzept" geeignet. Und das unabhängig davon, ob es sich um einen kleinen Handwerksbetrieb oder um einen Großkonzern handelt. Die einzige Ausnahme stellen die Einkaufsabteilungen in manchen Unternehmen dar. Hier sollten Sie etwas langfristiger planen und andere Ziele verfolgen, zum Beispiel die Teilnahme an der nächsten Ausschreibung. Um die ersten Anfragen aus dem Bereich Ihrer Zielkunden zeitnah zu generieren, beginnen Sie am besten mit den Unternehmen, von denen Sie wissen, dass Zeitarbeit entweder aktuell oder in der nahen Vergangenheit genutzt wird bzw. wurde. Also die klassischen Wettbewerbskunden oder Unternehmen, die mehrere Dienstleister gleichzeitig beauftragen.

Ein guter Mix aus größeren und kleineren Unternehmen erhöht die Wahrscheinlichkeit, dass Sie zeitnah Erfolge verzeichnen können und steigert gleichzeitig Ihren Bekanntheitsgrad auf breiter Ebene.

Die Frage zur Anzahl hängt wiederum stark von den jeweiligen Gegebenheiten in der Niederlassung ab. Die erste Priorität ist die Sicherstellung des Prozesses, das heißt, wenn Sie sagen, Sie fangen mit 40 Kunden gleichzeitig an, dann muss auch gewährleistet sein, dass diese 40 Unternehmen in den folgenden acht Wochen sechsmal kontaktiert werden.

Wir empfehlen daher, mit einer kleineren Zahl zu starten. 25 Zielkunden parallel, konzentriert, diszipliniert und gleichzeitig kreativ zu bearbeiten, ist eine machbare Herausforderung und führt zum gewünschten Erfolg. Nach acht Wochen selektieren Sie die nächsten 25 Zielkunden. Mit dieser Planung kann jeder Vertriebsmitarbeiter pro Jahr ca. 125 Zielkunden gezielt bearbeiten. Sie können sich ausrechnen, wie schnell man Sie in Ihrem lokalen Markt kennt und wahrnimmt.

Unsere Tabelle, die Sie übrigens kostenlos von unserer Webseite herunterladen können, ist frei konfigurierbar und verfügt über ein weiteres Tabellenblatt zur Planung der Kontaktkette (www.truchsessbrandl.de).

Vor- und Nachteile der „6-in-8-Methodik"

Mit der 6-in-8-Methodik stellen Sie sicher, dass der Kunde Sie bzw. Ihre Firma in seinem Unterbewusstsein abspeichert bzw. verankert. Das bedeutet aber nicht, dass er auch zwingend bei Ihnen kauft, dass er Sie beauftragt oder seinen Geschäftspartner wechselt.

Persönlicher Kontakt schlägt alle anderen Kontakte. Es bringt Ihnen nichts, wenn Sie nur einmal telefonieren und den Rest schriftlich machen. Ihr Ziel sollte immer sein, einen Termin zu vereinbaren oder zumindest ein zweites Telefonat zu führen.

Es ist von entscheidender Bedeutung, eine Kontaktkette aufzubauen, die Sie beim Kunden bekannt macht und in Erinnerung bringt. Mit der systematischen, konsequenten und disziplinierten Vorgehensweise der „6-in-8-Methodik" stellen Sie das sicher und können darauf aufbauen. Gerade in der Anfangsphase ist das wegweisend.

Der Kunde denkt an Sie, sollte sein aktueller Partner nicht den richtigen Mitarbeiter zum richtigen Zeitpunkt überlassen können.

Der 10-Punkte-Plan zur Einführung und Umsetzung der „TPS 6-in-8-Methodik"

1. Legen Sie sich eine Wunschkundenliste an.
2. Erstellen Sie eine Liste von möglichen Touch Points, um abwechslungsreich zu agieren.
3. Planen Sie Ihre jeweils nächsten Schritte in der Wunschkundenliste.
4. Achten Sie darauf, dass die Methodik eingehalten wird, auch wenn kein direkter Erfolg absehbar ist.
5. Sorgen Sie für mindestens zwei persönliche Touch Points (Besuch, Kaltbesuch, Telefonat).
6. Überraschen Sie Ihre Kunden durch Kreativität gepaart mit angenehmer Hartnäckigkeit.
7. Schreiben/formulieren Sie kundenorientiert.
8. Arbeiten Sie mit Gesprächsleitfäden und Checklisten.
9. Gehen Sie mit Erstanfragen extrem professionell um, das ist Ihre erste Chance.
10. Machen Sie aus Erstaufträgen Kundenerlebnisse und sorgen Sie für Nachhaltigkeit.

5.2 Aktive Platzierung von Bewerbern und Mitarbeitern

Aktive Platzierung heißt nicht, beim Kunden anzurufen und zu fragen: „Wir haben fünf Helfer frei. Brauchen Sie einen?" In diesen Fällen dreht es sich nicht um die aktive Vermittlung eines Mitarbeiters oder Bewerbers, sondern um kurzfristige Vertriebsaktivitäten, mit dem klaren Ziel, die Nichteinsatzquote zu reduzieren. Diese Form der Akquise ist nicht mehr zeitgemäß und daher auch nicht empfehlenswert. Kunden reagieren zunehmend ablehnend auf diese zeitarbeitstypische Vorgehensweise, der langfristiges Interesse und Wertschätzung fehlen.

Die aktive Platzierung ist eine moderne Form, Mitarbeiter oder Bewerber an Unternehmen zu vermitteln. Sie wird gerade im Zuge der Veränderungen in der Zeitarbeit und der Entwicklung hin zur Personalvermittlung besonders wichtig. Generell lassen sich folgende Trends beobachten, die Sie bei Ihren Vertriebs- und Marketingaktivitäten berücksichtigen sollten:

1. Verknappung gut ausgebildeter Arbeitskräfte und Fachkräfte, nicht.
2. höhere Ansprüche der Bewerber im Hinblick auf Service, Wertschätzung, Bezahlung, Schnelligkeit der Vermittlung, Transparenz etc.
3. Der Kunde muss aufgrund der Tariferhöhungen und der Einführung der Branchentarifzuschläge mehr zahlen.
4. Durch die starke Reglementierung der Zeitarbeit ist für die Bewerber und Kundenunternehmen auf den ersten Blick kein Unterschied zwischen den Dienstleistungen mehr ersichtlich. Daher ist eine positive Abgrenzung vom Wettbewerb besonders wichtig.

Eine normale Alltagssituation in der Personaldienstleistung ist,
ein Kunde ruft an und stellt eine Anfrage nach einer bestimmten Qualifikation. Die Niederlassung startet ihre Suche und kann im Idealfall Kandidaten anbieten. Häufig ist jedoch in der Kürze der Zeit niemand zu finden. Die Zeiten sind vorbei, in denen man ohne eigenes Zutun darauf warten konnte, dass ideale und einfach zu besetzende Anfragen eingehen. Hinzu kommt, dass Bewerber heutzutage aufgrund ihrer gestiegenen Chancen auf dem Arbeitsmarkt und der Attraktivität Ihres Qualifikationsprofils einen schnellen und individuellen Service erwarten.

Diese Situation wird sich in absehbarer Zeit nicht ändern, denn unabhängig von der aktuellen Wirtschaftslage besteht immer eine hohe Nachfrage nach Fachkräften. Somit ist sicher: Die Machtstellung des Bewerbers wird künftig weiter zunehmen. Der Bewerbermarkt ist eine echte Herausforderung, und selbst bei vielen „Standardqualifikationen" hat man den Eindruck, der Markt sei leer gefegt.

Es wird auch schwieriger werden, Kunden höhere Preise zu vermitteln. Er wird sie künftig nur unter der Voraussetzung akzeptieren, dass er die Vorteile der Zusammenarbeit für sein Unternehmen erkennen und entsprechend wertschätzen kann. Sie sind die Stimme Ihres Mitarbeiters. Sie führen für ihn vorab ein Verkaufsgespräch, und Ihr Job ist es, den Kunden von Ihrem Mitarbeiter/Bewerber zu überzeugen. Daher ist es eine Ihrer wichtigsten Aufgaben, dem Kunden dabei zu helfen, eine für ihn optimale Lösung in Form des passenden Kandidaten zu finden.

Es wird also immer wichtiger, selbst aktiv zu agieren und nicht nur auf das Marktgeschehen zu reagieren. Die starken Reglementierungen in der Personaldienstleistung zwingen Sie dazu, sowohl Ihrem Bewerber als auch dem Kunden den Mehrwert Ihrer Dienstleistung und Ihrer Person aufzuzeigen. Beiden Seiten müssen Sie überzeugende Antworten auf die folgenden Fragen geben können:

- „Warum soll ich den Vertrag bei Ihnen unterschreiben?"
- „Aus welchen Gründen soll ich mit Ihnen zusammenarbeiten und nicht mit Ihrem Mitbewerber?"

Das bedeutet: Ihr Employer Branding (Ihre Attraktivität als Arbeitgebermarke) muss immer professioneller und attraktiver werden, damit Sie sich deutlich vom Wettbewerb abheben können.

Die „Aktive Platzierung" ist eine Möglichkeit. Hier gehen Sie akquisitorisch den umgekehrten Weg zur sonst üblichen Vorgehensweise. Sie arbeiten mit den Kandidaten, die der Markt hergibt bzw. beweisen dem attraktiven Bewerber, dass Sie alles für ihn tun, um ihn für sich zu gewinnen. Das bedeutet aber auch, dass Sie sich häufiger mit exotischen oder für die Zeitarbeit bisher eher untypischen Qualifikationen beschäftigen werden müssen.

In diesem Zusammenhang ist es für Sie entscheidend, künftig zeitnah und effektiv Ihr Bewerbermanagement zu gestalten. Schnell zu erkennen, für welchen Kandidaten es sich lohnt, die Zeit, die sowieso immer zu knapp ist, zu investieren und ein qualifiziertes Bewerbungsgespräch zu führen. Mit dem Ziel, den Menschen für sich und Ihre Dienstleistung zu begeistern und eine echte Bindung aufzubauen.

5.2.1   Der Quick-Check

Der Quick-Check ist eine gute Methode, ein praktisches Werkzeug, das unter den vielen Bewerbern sehr schnell die passenden Kandidaten für Sie herausfiltert. Das klingt im ersten Moment unhöflich und hart. Nur, wie viele Bewerbungsgespräche haben Sie schon geführt, bei denen Sie hinterher dachten: „Ach, die Zeit hätte ich uns beiden sparen können. Mir war nach fünf Minuten klar, dass der Bewerber nicht passt."?

Dennoch führt man aus Höflichkeit ein komplettes Gespräch, inkl. Personalfragebogen, Bewerbermappe und Gehaltsvorstellungen. Der Kandidat macht sich Hoffnung, hört dann aber nie wieder etwas. Am Ende wird dieses Verhalten zu Recht als unhöflich und unprofessionell gewertet. Langfristig führt es zu einem sehr schlechten Ruf auf dem Bewerbermarkt und hat Konsequenzen. Denn auf der einen Seite reicht die Zeit nicht für die richtigen Kandidaten und auf der anderen Seite verletzt man Menschen, die Zeitarbeit dann negativ weiterempfehlen.

Für den Quick-Check bereiten Sie sich zehn Fragen vor, die im Grunde eine Art Ausschlussverfahren darstellen. Beantwortet der Kandidat diese zu Ihrer Zufriedenheit, gehen Sie weiter zum nächsten Schritt. Sie können ihn telefonisch, aber auch persönlich durchführen. Er läuft idealerweise folgendermaßen ab:

1. Quick-Check (Fragekatalog)
2. Absage oder Vereinbarung Termin
3. Bestätigung des Termins per Mail inklusive Anfahrtsskizze
4. Vorstellungsgespräch
5. Entscheidung (Einstellung, Personalvermittlung, aktive Platzierung, Absage, …)
6. Ihre Checkliste für den Quick-Check könnte sich zum Beispiel so gestalten (abhängig von der Ausrichtung und Standortsituation in der Niederlassung).

Quick-Check

1. Wie sind Sie auf uns aufmerksam geworden?
2. Geben Sie mir bitte drei bis vier Punkte Ihrer Tätigkeit!
3. Wo liegen Ihre Aufgabenschwerpunkte?
4. Sind Sie aktuell noch in Festanstellung?
5. Aus welchem Grund sind Sie aktuell auf Jobsuche?
6. In welcher Region suchen Sie eine neue Stelle?
7. Bis wann möchten Sie die neue Stelle?
8. Wie sind Ihre Kündigungsfristen?
9. Warum möchten Sie sich beruflich verändern?
10. Sind Sie mobil?
11. In welchem Umkreis und in welcher Umgebung möchten Sie arbeiten?
12. Gibt es berufliche Einschränkungen, die wir beachten müssen?
13. Wann können Sie mir Ihre Bewerbungsunterlagen zukommen lassen?
14. Wie spontan können Sie für ein Vorstellungsgespräch zur Verfügung stehen?
15. Für welchen Beruf interessieren Sie sich?
16. Welche Qualifikationen haben Sie?
17. Ab wann stehen Sie zur Verfügung?
18. Welche Kündigungsfristen muss ich berücksichtigen?
19. Aus welchem Grund sind Sie auf der Suche nach einer neuen Aufgabe?

20. Was ist Ihnen besonders wichtig an Ihrer neuen Position?
21. Welche Gehaltsvorstellungen muss ich bei der Suche berücksichtigen? (Welches Gehalt stellen Sie sich vor?)
22. Wann haben Sie Zeit für ein Vorstellungsgespräch?
23. Wann können wir einen Termin vereinbaren?
24. Wo wohnen Sie?
25. Haben Sie ein Auto oder sind Sie auf öffentliche Verkehrsmittel angewiesen?

Wenn Sie sich nicht für den Bewerber entscheiden können, sagen Sie an diesem Punkt ab, und zwar so:

- ehrlich
- höflich
- deutlich
- konsequent, aber freundlich
- maximal zwei Gründe warum

Mithilfe des Quick-Checks und einer schnelleren Vorauswahl verfügen Sie über mehr Zeit für die Gespräche mit den verbleibenden Kandidaten und können statt zehn oberflächlicher fünf intensive und professionelle Gespräche führen. Eine Voraussetzung für die aktive Platzierung ist, dass Sie Ihren Bewerber gut kennen und von ihm überzeugt sind.

Bevor Sie sich nun mit den Kandidaten beschäftigen, die den Quick-Check positiv gestaltet haben, ist es sinnvoll, sich ein paar grundlegende Fragen zu stellen:

- Wie lange dauern Ihre Bewerbungsgespräche in der Regel?
- Wie laufen diese ab?
- Was muss der Bewerber alles ausfüllen?
- Wie erklären Sie ihm die Zeitarbeit, Ihr Unternehmen, die Abläufe?
- Wie ehrlich sind Sie in dieser Phase?
- Was können Sie tun, um das Gespräch zu einem extrem positiven Erlebnis für den Bewerber zu machen? (Empfehlungsrate steigern)

Als Ergebnis aus den Fragen müssen Sie sich einen für Sie persönlichen Leitfaden mit einer Struktur erarbeiten, auch zeitlich, um das Gespräch am Ende zu einem emotionalen Höhepunkt für den Bewerber zu führen.

Beispiel

PD:	„Bei welchen fünf Unternehmen hier in der Gegend würden Sie denn gerne arbeiten?"

In der Regel nennt Ihnen der Bewerber ein paar Unternehmen, oft tatsächlich auch fünf. Manchmal sind auch ehemalige Arbeitgeber inkl. Ansprechpartner darunter.
Und genau dort rufen Sie nun direkt vor seinen Augen an!

PD:	„Wenn Sie einverstanden sind, rufe ich dort jetzt sofort an. Vielleicht können wir heute noch einen Arbeitsvertrag machen?"

5.2.2 Telefonskript für die aktive Platzierung „live"

Beispiel

„Guten Tag Herr/Frau … mein Name ist … von der Firma … Zeitarbeit. Dürfte ich Sie um einen Gefallen bitten/oder und/ich brauche kurz Ihre Hilfe? Bei mir sitzt gerade ein Bewerber, Herr … Er ist … und hat soeben unseren anspruchs-vollen Bewerbungsprozess erfolgreich durchlaufen. Auf meine Frage hin, was denn seine Traumfirma wäre, nannte er Sie!" (*Zeigen Sie, dass Sie sich darüber freuen:* „Ist das nicht schön!")
„Was müsste denn passieren, dass wir ihn in Ihrem Unternehmen im Rah-men der Arbeitnehmerüberlassung/Vermittlung/Festeinstellung platzieren?"
Oder:
„Was kann ich tun, um ihm diesen Wunsch zu erfüllen? Ich würde ihn gerne einstellen!" ◄

Egal, wie der Platzierungsversuch ausgeht, bis jetzt war das der mit Abstand professionellste Bewerbertag, den der Kandidat jemals erlebt hat – vor allem in der Zeitarbeit. Nun ist es wichtig, ein ebenso qualitativ hochwertiges Ende des Ge-sprächs zu finden.
Wie könnte das aussehen?

- Der Bewerber erhält von Ihnen eine mündliche und im Anschluss daran eine schriftliche Gesprächszusammenfassung.

- Sie vereinbaren mit ihm einen klaren Wiedervorlagetermin.
- Sie legen mit ihm gemeinsam die weiteren Schritte fest.
- Geben Sie ihm alle notwendigen Unterlagen an die Hand.
- Unterbreiten Sie dem Kandidaten ein klares Angebot inklusive Gehalt und weitere Konditionen.

Kommt Ihnen die empfohlene Vorgehensweise bekannt vor? Im Grunde geht man hier ähnlich vor wie mit seinen Kunden.

Sie können diese Vorgehensweise bei Ihren zu disponierenden Mitarbeitern adaptieren. Es ergeben sich sogar noch einige Vorteile mehr, die Sie in das Gespräch einbauen können. Dazu ein Beispiel:

Max Fröhlich ist Industriemechaniker. Er ist seit zwei Jahren bei Ihnen beschäftigt. In dieser Zeit hatte er insgesamt acht Projekte, das letzte ging über sieben Monate und wurde wegen einer Standortverlegung des Kunden beendet. Die Feedbacks zu Herrn Fröhlich waren stets positiv. So sähe das Telefonskript für die aktive Platzierung von Mitarbeitern aus:

Beispiel

„Guten Tag, Herr/Frau …, mein Name ist … von der Firma … Zeitarbeit. Dürfte ich Sie um einen Gefallen bitten? ich brauche kurz Ihre Hilfe! Bei mir sitzt gerade einer meiner besten Mitarbeiter, Herr Fröhlich. Er ist Industriemechaniker, und ich habe derzeit leider kein Projekt für ihn. Da er ein Top-Mitarbeiter mit besten Referenzen und Bewertungen ist, möchte ich ihn ungerne verlieren und suche nun dringend einen neuen Auftrag für ihn. Können Sie mir hier eventuell weiterhelfen?"

Oder:

„Was müsste passieren, dass er ein schönes Projekt bei Ihnen bekommt?" ◄

▶ **Tipp** Falls Ihr Kunde oder Interessent aktuell nicht helfen kann, fragen Sie nach weiteren Firmen. Man kennt sich in der Branche. Für wen könnte die Qualifikation unseres Mitarbeiters/Bewerbers noch von Interesse sein? Im Mittelpunkt steht immer Ihr Wunsch, einen attraktiven Arbeitsplatz für Ihren Mitarbeiter zu finden, hingegen nicht, kurzfristig Umsatz zu generieren.

5.2.3   Ziele und positive Effekte der aktiven Platzierung

Die aktive Platzierung bietet einige Vorteile:

- Sie knüpfen neue Kontakte zu Interessenten.
- Sie sprechen Ihre bestehenden Kontakte an und erhöhen somit gleichzeitig die Kundenbindung.
- Sie schlagen einen neuen und attraktiven Weg der Kundenansprache ein.
- Sie erreichen dadurch eine hohe Wiedererkennung und heben sich positiv und angenehm vom Wettbewerb ab.
- Sie wecken Sympathien nach dem Vorbild der „5 A": „Angenehm anders als alle anderen."
- Sie starten die Kontaktkette äußerst professionell.
- Sie vereinbaren dadurch mehr Besuchstermine.
- Sie erhalten als Folge weitere Empfehlungen.
- Sie erhalten als Zusatzeffekt die Chance, weitere Anfragen zu akquirieren, die nichts mit Ihrem Kandidaten zu tun haben. Die Frage: „Wie kann ich Sie sonst noch unterstützen?" hilft dabei.
- Sie hinterlassen einen engagierten und attraktiven Eindruck beim Bewerber und werden somit auf dieser Seite Empfehlungen erhalten. Übrigens auch dann, wenn es nicht geklappt hat.
- Sie können auf diese Art und Weise weitere Vertriebsaktionen einleiten oder unterstützen.
- Sie lernen Ihren Markt immer besser kennen und erschließen neue Branchen.
- Sie steigern den Anteil der Personalvermittlung automatisch, da sich viele Unternehmen und auch Kandidaten für eine Direkteinstellung entscheiden.

▶   Nur wer fleißig ist, hat Erfolg und wird auch Glückstreffer landen.

Um alle positiven Aspekte zum Tragen zu bringen, sollten Sie dabei die nächsten Punkte beachten.

5.3   Bewerbermanagement

Die Einführung von Quick-Checks, Kandidatenempfehlungen und die intensivere Betreuung der Kunden und Bewerber können nur erfolgreich funktionieren, wenn Sie sich für beide Seiten Zeit genommen und sie gut kennengelernt haben. Die

Zeit, die Sie benötigen, um diese qualitätsorientierte Vermittlung zu leisten, wird sich durch effizientere Abläufe im Bewerbermanagement amortisieren.

5.3.1 Profil versus Kandidatenempfehlung

Heutzutage möchte jeder Kunde für jeden Bewerber und Mitarbeiter vorab ein „Profil". Das Erstellen der Kurzprofile ist jedoch sehr aufwendig, wenn es gut sein soll. Schenken Sie sich Standardprofile, oder schlechte, schlampige und aussagelose Profile. Aus diesen erkennt der Kunde den Mehrwert des Kandidaten und Ihrer Leistung nicht. Den Lebenslauf kann der Kunde selbst lesen, zum Beispiel den des Bewerbers, falls er ansprechend ist. Welchen Grund gibt es, diesen noch einmal „abzutippen"?

Kandidatenempfehlungen sind individuell für den Kunden und auf seinen Bedarf hin gestaltet. Der Anspruch ist, dass Sie Ihre Aufgabe als Dienstleister wahrnehmen und dem Kunden den Mehrwert des Kandidaten für ihn und sein Unternehmen aufzeigen:

- Sie beweisen, dass Sie den Kandidaten hinsichtlich seiner Bedürfnisse auf Herz und Nieren geprüft haben und ihm die Unterlagen, nicht einfach ohne weiteres Hintergrundwissen, an ihn weiterleiten.
- Neben der wichtigsten Qualifikation, die ihn für die Stelle befähigt, muss die Kandidatenempfehlung genau jene Punkte enthalten, die der Kandidat beim Kunden einsetzen kann. Der Kunde muss daraus erkennen, warum Sie gerade diesen Kandidaten vorschlagen. Das hat unter anderem auch den Vorteil, dass der Kunde die Kosten für diesen Bewerber leichter anerkennen kann. Schließlich müssen Sie aufgrund der Branchenzuschläge künftig stark auf den Tarif achten und für Ihren Mitarbeiter erreichen, dass er nicht „auf den Grundtarif zurückfällt".
- Sie erleichtern dem Kunden damit die für ihn langwierige Vorauswahl aus vielen Profilen eventueller Mitbewerber.

Was kann alles in eine individuelle Kandidatenempfehlung, welche Punkte sind dem Kunden beim Bewerber wichtig?

- die wichtigsten persönlichen Voraussetzungen für die Stelle,
- die Erwartungen des Kandidaten vom Kunden als Arbeitgeber,
- ihre persönliche Einschätzung der Stärken und Schwächen des Kandidaten,
- Stimmen der Kunden und Arbeitgeber,

- weitere Softskills und Zusatzqualifikationen,
- das macht der Kandidat gerne, wenn er nicht arbeitet,
- warum möchte der Bewerber gerade bei dieser Firma arbeiten?

Die Qualität und auch der Umfang der Unterlagen kann, gerade bei Personalvermittlungsvorschlägen, durch Zusatztools wie beispielsweise Insights MDI®- oder ASSESS®-Analysen ergänzt werden. Damit können Sie das berufliche und persönliche Potenzial des Bewerbers oder Ihrer Mitarbeiter kennenlernen und entsprechend positiv vermarkten. Es beinhaltet die Möglichkeit, sie passgenau auszuwählen, zu trainieren und ihnen ein optimales Teamumfeld zu bieten. Darüber hinaus feilen Sie an Ihrer professionellen Vorgehensweise und entwickeln gleichzeitig eine positive Außenwahrnehmung als attraktiver Partner im Bereich der Personalberatung – beim Kunden und beim Bewerber!

Bitte beachten Sie dabei, dass gerade bei Personalleitern ein Sinneswandel eingetreten ist. Nicht jeder wünscht sich ein Profil. Die Tendenz geht ganz offensichtlich wieder zurück zum klassischen Lebenslauf und einer flankierenden Empfehlung bzw. Einschätzung des Bewerbers.

5.3.2 Bewerberkartei versus EDV-Erfassung

Die meisten Zeitarbeitsbüros erfassen die Daten noch auf herkömmliche Weise: Der Bewerber füllt Formulare aus, die Daten werden später im System erfasst oder auch nicht.

Das ist ein Thema, das viele Zeitarbeitsunternehmen immer und immer wieder beschäftigt und für das es keine Ideallösung zu geben scheint. Die Herausforderungen ist hier die Frage, wie hält man die Bewerberdatenbank auf einem aktuellen Stand? Es geht dabei um rechtlich korrekte Vorgehensweisen, um Zeitersparnis und vor allem Geschwindigkeit bei der Besetzung offener Aufträge.

In manchen Zeitarbeitsunternehmen können Bewerber bereits ihre Daten elektronisch erfassen, entweder von zu Hause aus, oder an einem speziellen Bewerber-Terminal in den Büros. Moderne Bewerbermanagement-Software ist auf dem Vormarsch. Ein anderer Weg ist es, den Bewerber mit an den persönlichen Arbeitsplatz mitzunehmen und die Daten während des Bewerbungsgespräches selbst zu erfassen. Versuchen Sie es einmal.

Weshalb die korrekte und zeitnahe Datenerfassung im System so wichtig ist, zeigt folgende Situation aus der Praxis:

Beispiel

Sie haben ein qualifiziertes Bewerbungsgespräch mit Ihrem Kandidaten geführt und die Entscheidung getroffen, ihn bei entsprechendem Auftrag einzustellen. Das Gespräch mit dem Bewerber fand zwischen zwei Teammeetings statt. Da Sie in Eile waren, haben Sie vergessen, die Daten einzugeben. Jetzt sind Sie im Außendienst unterwegs. In Ihrem Unternehmen finden kontinuierlich Besprechungen mit dem Niederlassungsteam statt, damit allen alle Informationen zur Verfügung stehen. In Ihrer Abwesenheit wird nun eine Anfrage eines Neukunden gestellt, auf dessen Profil Ihr Kandidat optimal passt. Ihr Kollege startet den EDV-Suchlauf und findet … nichts.

Nun gibt es zwei Möglichkeiten. Entweder Sie kommen rechtzeitig aus dem Außendienst zurück und müssen erst einmal suchen. Oder der Kollege sagt den Auftrag ab bzw. der Wettbewerb ist schneller.

Sicherlich kennen Sie aus eigener Erfahrung noch weitere Situationen, die Ihnen vor Augen führen, wie entscheidend die Pflege der EDV ist. ◄

EDV-Eingaben zählen meist nicht zu den Stärken kreativer Vertriebsmitarbeiter. Daher ist es umso wichtiger, sich genau zu überlegen, welche Daten Sie erfassen und welche nicht, und selbstverständlich werden Sie dies immer in Einklang mit den gültigen Datenschutzverordnungen tun. Von Dienstleistern wird Schnelligkeit erwartet. Wenn Ihre Daten nicht à jour sind und Sie durch hektisches Suchen Zeit verlieren, schwächen Sie Ihre Position als Dienstleister und schädigen sich betriebswirtschaftlich gesehen erheblich. Daher überlegen Sie gemeinsam mit Ihren Kollegen in der Niederlassung, wie viel Datenpflege sein muss und wie diese Aufgabe in der Praxis effizient umgesetzt werden kann. Die grundlegenden Fragen bei diesen Überlegungen sind:

- Wie oft kontaktiere ich Bewerber?
- Wen erfasse ich im System und wen nicht?
- Wie finde ich schnell den richtigen Bewerber?
- Wie zeitnah sage ich dem Bewerber ab?

Während der Coachings in unseren Kundenunternehmen verfolgen wir folgende Lösungsansätze:

- Generell gilt hier das Kontaktkettendenken wie beim Kunden. Wie oft Sie einen Bewerber anschreiben oder anrufen, hängt auch von den Vorstellungen des Kandidaten ab. Treffen Sie am Schluss eines Vorstellungsgesprächs eine klare Vereinbarung und legen Sie sich die Termine auf Wiedervorlage.

- Sie sollten die Kandidaten im System erfassen, mit denen Sie sich eine Zusammenarbeit vorstellen können. Alle anderen nicht.
- Wenn Sie bereits während des Gesprächs ein schlechtes Bauchgefühl haben, nehmen Sie dieses Gefühl ernst und berücksichtigen Sie es bei Ihrer Entscheidung.
- Entwickeln Sie ein strukturiertes und strategisches Bewerberbindungssystem, denn diese Zielgruppe wird immer vergessen. Gerade die Kandidaten, die für gut befunden wurden und leider abgesagt haben, verschwinden aus unserem Blickfeld. Das ist bedauerlich, denn in diese Bewerber haben Sie bereits viel wertvolle Zeit und auch Geld investiert.

5.3.3 Bewerbungsunterlagen

Haben Sie Ihren Umgang mit den Bewerbungsunterlagen bereits einmal analysiert? Denn auch hier können Sie unter Umständen einiges optimieren und viel Zeit gewinnen. Dazu braucht es nur einige Überlegungen innerhalb der Niederlassung, wie zum Beispiel:

- Wie effektiv gehen Sie und Ihr Team mit Bewerbungseingängen um?
- Wie viele Bewerbungen erhalten Sie via Mail und wie verarbeiten Sie diese?
- Wann schicken Sie Bewerbungsunterlagen zurück?
- Was sagen Sie in Ihren Suchanzeigen zum Thema Unterlagen?

Wenn der Kandidat persönlich oder auch am Telefon einen sehr guten Eindruck macht, verzichten Sie vorab auf die Zusendung seiner Bewerbungsunterlagen und laden Sie ihn sofort ein. Das spart Ihnen die Zeit für aufwendige Verwaltung und deren rechtlich korrekten Vorgehensweise. Denn gute Bewerber sind sich ihrer Werte und Möglichkeiten bewusst und springen aufgrund dessen schneller ab. Gerade Fachkräfte wünschen sich eine unkomplizierte Ansprache und einen kurzen Weg der Bewerbungsläufe.

Ihre Aufgabe ist es nach einem persönlichen Gespräch, die Vorteile und den damit verbundenen Mehrwert eines Kandidaten für einen Kunden herauszuarbeiten. Umso schneller wird sich dann ein Unternehmen für ein Vorstellungsgespräch entscheiden können; und genau auf diesen Punkt kommt es an.

Heben Sie die für die Stellenbesetzung wichtigen und attraktiven Punkte hervor: sprachlich im persönlichen Gespräch mit dem Kunden oder schriftlich im Kandidatenprofil. Ihre Beschreibung der Persönlichkeit Ihres Bewerbers bzw. Ihres

Kandidaten und seiner Qualifikation sind ausschlaggebend für eine Verkürzung des Bewerbungs- und Anfragemanagementprozesses.

5.3.4 Das Bewerbungsgespräch und die Kommunikation

Bei Ihren Bewerbergesprächen ist zu berücksichtigen, dass die Bewerber zunehmend anspruchsvoller gegenüber Zeitarbeitsunternehmen auftreten. Wir besprechen deshalb hier den optimalen Ablauf (s. Abb. 5.3). Sie wissen um den Fachkräftemangel in der Wirtschaft und haben dazu die große Auswahl unter vielen Wettbewerbern von Ihnen. Bisher hieß es immer: „Gehe zu x, dann darfst du bei y arbeiten." Heute sind in manchen Kundenunternehmen mehrere Personaldienstleister vertreten, sodass Bewerber aufgrund anderer Kriterien und Motive ihre Entscheidung treffen.

Wenn Sie eine Imageverbesserung als Zeitarbeitsunternehmen erreichen, werden Sie langfristig immer mehr als tatsächlicher Arbeitgeber gesehen werden. Es

Abb. 5.3 Bewerbungsprozess in der Niederlassung

gilt, Ihre Bewerber ebenso als Kunden wertzuschätzen und sie entsprechend zu behandeln. Die Fragen der Bewerber lauten:

* Warum soll ich bei Ihnen einen Arbeitsvertrag unterschreiben und nicht bei der großen Zeitarbeitsfirma x oder bei der anderen großen y?
* Welche attraktiven Kundenprojekte können Sie mir konkret anbieten?

Die künftige Meinung des Bewerbers müssen Sie bereits beim Bewerbungsgespräch positiv beeinflussen. Mit dem Quick-Check und der „aktiven Platzierung" haben Sie erste Werkzeuge dazu in der Hand. Im Weiteren geht es um das ausführliche Bewerbungsgespräch, den Ablauf des Bewerbungsverfahrens und die generelle wertschätzende Kommunikation mit Ihren Bewerbern.

Wortwahl im Gespräch und in der Niederlassung
Stellen Sie sich vor, ein Bewerber nimmt nach jahrelangem Zögern und mit vielen Vorbehalten mit Ihnen telefonischen Kontakt auf. Der erste Eindruck ist gut und er vereinbart daraufhin einen persönlichen Vorstellungstermin bei Ihnen in der Niederlassung. Sie führen ein professionelles Gespräch, der Kandidat macht auf Sie einen guten Eindruck, nur leider haben Sie aktuell keine passende Position für ihn. Welche Abschlussvereinbarung treffen Sie?

In der Regel wird der Kandidat im „Bewerberpool" landen oder in die „Datenbank" aufgenommen. Über diese „Aufbewahrungsstellen" verfügen alle Zeitarbeitsniederlassungen in ganz Deutschland. Besten Gewissens wird dem attraktiven Kandidaten ein solches Angebot unterbreitet, ohne darüber nachzudenken, wie dieser Vorschlag auf den Bewerber wirkt.

Das Stichwort hier ist emotionale Kommunikation. Wenn wir dem Menschen Wertschätzung entgegenbringen möchten, muss ich das auch in der Sprache ausdrücken. Ihre Bewerberkartei ist kein Bewerberpool. Das hört sich für Nicht-Fachleute seltsam an und ruft eigenartige Bilder hervor. Im Grund genommen benötigen Sie weder das Wort „Bewerberpool" noch die ebenfalls sehr beliebte „Datenbank". Signalisieren Sie Ihrem Gegenüber Ihr Interesse an einer Zusammenarbeit und erklären Sie ihm strukturiert, welche weiteren Schritte Sie mit ihm nun konkret gehen möchten:

Beispiel

PD:	„Herr ..., unser Gespräch hat mir sehr gut gefallen. Ich möchte Sie als Mitarbeiter für unser Haus gewinnen. Aktuell habe ich keine passende Position für Sie, bin mir aber sicher, dass ich zeitnah Ihnen Angebote unterbreiten kann. Was halten Sie von folgendem Vorschlag ...?"

◄

Sprechen Sie bitte auch nicht von „Leasingpersonal". „Externes Personal" oder „Kollegen" trifft das Arbeitsverhältnis viel mehr. Sie „schicken" auch keine Mitarbeiter und schon gar nicht „5 Stück". Sie überlassen und vermitteln Personal, also Menschen, keine Autos oder Päckchen. Sprechen Sie über Ihre Bewerber und Mitarbeiter wertschätzend als Herrn und Frau Mustermann.

▶ **Tipp** Setzen Sie sich mit Ihren Mitarbeitern und Kollegen zusammen und erstellen Sie eine Liste (eventuell auf einem Flipchart) mit den in der Zeitarbeit typischen Ausdrücke und Formulierungen. Im Anschluss ersetzen Sie diese Begriffe durch Synonyme und treffen eine klare Vereinbarung bei Verstoß gegen die Wortwahl. Das macht Spaß, sorgt für eine gute Grundstimmung und beeindruckt unbewusst Ihre Bewerber, Mitarbeiter und Kunden.

Sicher gibt es zwischen Personalvermittlungskandidaten und gewerbliche Produktionsmitarbeiter ein weites Feld an Kommunikationsansätzen. Nur eines haben alle gemeinsam: den Wunsch nach Respekt, Wertschätzung und nach Sicherheit.

Letzteres können Sie darüber hinaus durch eine Planung und somit auch einer Struktur des Gespräches erreichen.

Planung und Ablauf des Bewerbungsgesprächs
Die Dauer eines Bewerbungsgesprächs wird von folgenden Faktoren beeinflusst:

- der Qualifikation des Bewerbers
- Ihres Zeitfensters
- der allgemeinen Situation in der Niederlassung
- der Besetzung des Büros
- der Vorgaben Ihres Unternehmens/Vorgesetzten

Angenommen, Sie bewerten den Kandidaten positiv, dann müssen Sie im Interview auf folgende Fragen zu sprechen kommen:

- „Was muss ich tun, dass Sie bei mir anfangen?"
- „Welche Informationen kann ich Ihnen noch geben, damit Sie sich für uns entscheiden?"
- „Worauf legen Sie besonderen Wert?"
- „Was ist Ihnen außerdem wichtig?"
- „Welche Informationen zum Thema Zeitarbeit haben Sie bereits?"

- „Was waren die wichtigsten Stationen in Ihrem Lebenslauf?"
- „Angenommen, ich hätte einen Top-Auftrag ab Montag für Sie, würden Sie dann zu den besprochenen Konditionen unterschreiben?"
- „Habe ich Sie richtig verstanden, dass Sie folgende Qualifikationen im Bereich IT mitbringen?"
- „Wo sehen Sie eher Ihre Stärken: im Bereich Kommunikation oder in der Projektarbeit?"
- „Kann ich dem Kunden ab Montag zusagen?"

Neben den berufsspezifischen und damit fachlichen Bewerbungsfragen sind vor allem die Fragen zur Persönlichkeit des Bewerbers von besonderer Bedeutung. Stellen Sie die Fragen immer als offene Fragen und lassen Sie dem Kandidaten Zeit für die Antwort. Für die praktische Anwendung hier wieder eine unserer Checklisten mit vielen Beispielen:

Bewerbungsfragen

1. Welche berufliche Richtung möchten Sie einschlagen?
2. Welche beruflichen Ziele haben Sie?
3. Was muss ich über Sie als Person wissen?
4. Was genau wünschen Sie sich von mir?
5. Wo möchten Sie arbeiten?
6. Wie und in welchem Umfang können Sie arbeiten?
7. Wie flexibel sind Sie bezüglich des Arbeitsortes?
8. Was erwarten Sie künftig von Ihrem Arbeitgeber?
9. Was erwarten Sie von mir?
10. Was motiviert Sie?
11. Was demotiviert Sie?
12. Wie möchten Sie geführt werden?
13. Was bedeutet gute Führung für Sie?
14. Wie würden Sie Ihre Teamfähigkeit einschätzen/beschreiben?
15. Wie wichtig ist das Thema Work-Life-Balance für Sie?
16. Was sind Ihre Hobbys?
17. Was waren Ihre negativsten Erlebnisse in der Arbeitswelt?
18. Was war Ihr größter beruflicher Erfolg?
19. Was der größte Misserfolg, und was haben Sie daraus gelernt?

20. Wann macht Ihnen Leistung Spaß?
21. Welche fünf Stärken würden Ihnen Freunde und Familie zuordnen?
22. Welche zwei Schwächen?
23. Was konkret müssen wir heute vereinbaren, dass ...
24. Haben Sie sich bei weiteren Personaldienstleistern beworben und wenn ja, bei welchen?
25. Vielen Dank. Folgende Punkte wünsche, erwarte ich von Ihnen:

Weitere mögliche Fragen:

1. Was ist Ihr Wechselmotiv?
2. Was muss ich tun, dass ich Sie exklusiv vermitteln darf?
3. Was erwarten Sie von Ihrem künftigen Arbeitgeber?
4. Welche Punkte sind für Sie bezüglich eines Arbeitgeberwechsels ausschlaggebend?
5. Wie wollen Sie geführt werden?
6. Was muss ich von Ihnen noch wissen, um eine optimale Vermittlung zu gewährleisten?
7. Auf welche Stellenanzeigen haben Sie sich noch beworben?
8. Was hat Sie konkret an der Stellenanzeige angesprochen?
9. Wie wichtig ist Ihnen Ihre weitere Entwicklung?
10. Was hat Sie schon einmal daran gehindert, sich auf eine Stellenanzeige zu bewerben, obwohl Sie diese angesprochen hat?
11. Wo sehen Sie noch Entwicklungspotenzial bei sich?
12. Was hat Ihnen bisher am meisten Freude in Ihrem Arbeitsleben bereitet?
13. Welche Branchen kommen für Sie überhaupt nicht infrage und aus welchem Grund?
14. Wie bereiten Sie sich auf Bewerbungsgespräche vor?
15. Was halten Sie von Bewerbungscoachings?
16. Welche Informationen möchten Sie, dass ich an die Firmen weiterleite außer Ihren reinen Qualifikationen?
17. Wie glauben Sie, würden Sie Ihre jetzigen Kollegen beschreiben?
18. Nennen Sie drei typische Charaktereigenschaften, die Sie perfekt umschreiben.
19. Stellen Sie sich vor, Sie wären ein neues Markenprodukt. Wie würde ein Werbespot für Sie aussehen?

Ein Gesprächsablauf könnte wie folgt aussehen:

1. kurze attraktive, bewerberorientierte Vorstellung (nicht zu lang und ermüdend, ähnlich wie beim Kunden).
2. Planen Sie Zeit ein, Ihr Haus vorzustellen, bereiten Sie sich vor, was den Bewerber interessieren könnte. Gehen Sie nach der Idee der Nutzenargumentation vor (Merkmal/Vorteil/Nutzen). Verstärken Sie Ihre Vorteile bitte erst während des Gespräches sukzessive in der Mitte, wenn Sie den Bewerber schon besser einschätzen können und genau wissen, was ihn konkret interessiert.
3. Mittelpunkt ist die Präsentation des Kandidaten. (Was weiß er über Ihr Unternehmen und welche Fragen hat er?)
4. Stellen Sie die Fragen an den Bewerber anhand der Liste, die der Bewerber noch nicht von sich aus beantwortet hat.
5. Abschluss. Wie verbleiben Sie beide?

Die Dauer bewegt sich je nach Persönlichkeit des Bewerbers und der Qualifikation zwischen einer halben Stunde und eineinhalb Stunden. Bei gewerblich technischen Mitarbeitern (ohne Ausbildung) ist in der Regel das Bewerbungsgespräch wesentlich kürzer; hier geht es vor allem um die Softskills. Bei höher Qualifizierten müssen Sie wissen, wie sie sich auch beim Kunden vorstellen würden.

Die Gesprächsführung, die begleitenden Maßnahmen und Ihr Umgang mit dem Bewerber sollten im Zusammenhang zum Aufbau Ihrer „Arbeitgebermarke" stehen. Beim sogenannten Employer Branding werden Sie als Arbeitgeber durch Ihre Unternehmenskultur und Ihr Profil zu einer „Marke". Das bedeutet, dass Bewerber und Ihre Mitarbeiter, sowohl die internen wie die externen, Ihr Haus als unverwechselbares Produkt mit Werten und Merkmalen wahrnehmen. Fachliche Kompetenzen können geschult werden, nicht aber die Begeisterung und Loyalität für ein Unternehmen.

5.3.5 Stornierte Aufträge als Vertriebschance

Eine weitere Akquiseempfehlung für die aktive Platzierung von Mitarbeitern und Bewerbern ist das Einbinden der stornierten Anfragen und Aufträge. Denn im Alltag kommt es leider immer wieder vor, dass Sie Aufträge stornieren müssen. Entweder weil Sie absagen oder weil Ihnen der Kunde mitteilt, dass sich die Anfrage erledigt hat. Im zweiten Fall ist es extrem wichtig, hier genau nachzufragen, denn die Gründe können vielfältig sein. Hierzu einige Beispiele:

- War der Wettbewerb schneller?
- Hat der Kunde die Stelle anderweitig besetzt und wenn ja, wie?
- War mit Ihrem Angebot alles in Ordnung?
- Usw.

Ungeachtet der Hintergründe ist es wichtig, dass Sie die Informationen im Auftrag notieren und fortan als Akquise-Tool nutzen. Stellen Sie sicher, dass Sie folgende Punkte geklärt haben:

1. Wie sind Sie mit dem Kunden verblieben?
2. Wann ist der nächste Kontakt vereinbart?
3. Wurde über eine Arbeitsplatzbesichtigung gesprochen?
4. Wie bearbeiten Sie aktuell die Stellenanzeigen?
5. Was noch …?

Fragen Sie am Tag bzw. Monat des Arbeitsbeginnes nach, wie zufrieden er tatsächlich mit dem Kandidaten ist. Allein die Tatsache, dass Sie an ihn denken und nachfragen, schafft eine exzellente Basis für eine weitere Zusammenarbeit. Folgende weitere Vorteile ergeben sich hierdurch für Sie:

- Sie erhalten Informationen über den Wettbewerb,
- sehr gute Positionierung für weitere Anfragen.
- Chancen, den Auftrag doch noch besetzen zu können,
- Imageverbesserung und
- Schaffung von Nachhaltigkeit und Serviceorientierung

Abschließend können Sie Ihren Kunden fragen, wie er bei der Besetzung solcher offenen Stellen künftig verfahren möchte. An seiner Antwort erkennen Sie Ihre Chancen für den Erfolg von eventuellen aktiven Platzierungsangeboten.

5.3.6 Anregungen in diesem Zusammenhang

Im Umgang mit Bewerbern und bei der Akquise bieten sich viele weitere Möglichkeiten zur Prozessoptimierung. Generell empfehlen wir den Aufbau eines professionellen Bewerbermanagements, das auch die Kandidaten mit einbezieht, die sich für ein anderes Unternehmen bzw. Jobangebot entschieden haben. Wenn Sie bedenken, wie viel Zeit und Geld Sie in ein einziges Bewerbungsgespräch investieren, ist es fast geschäftsschädigend, zu solchen attraktiven Kandidaten keinen Kontakt mehr zu halten. Unabhängig von der Qualifikation freuen wir uns alle über ernsthaft entgegengebrachtes Interesse und Wertschätzung. Ein gezielt aufgebautes Bewerbermanagement kommt diesen Bedürfnissen stark entgegen.

Umgang mit exotischen und unrealistischen Aufträgen
Wenn Sie die Anforderungen des Kunden kurz geprüft haben und sicher sind, dass Sie für diesen Auftrag keine Bewerber haben und/oder die geforderte Qualifikation nicht der Kernkompetenz Ihres Unternehmens entspricht, sagen Sie den Auftrag direkt ab. Das bedeutet nicht, dass Sie dem Kunden den Rücken kehren sollten, sondern lediglich, dass Sie diese Anforderung absagen. Sie müssen den Markt kennen und schnell einschätzen können, ob es sich um eine „Schlüsselanfrage" handelt, über deren Besetzung Sie den Kunden langfristig gewinnen oder ob diese Firma generell nicht Ihr Zielkunde werden kann.

Ein weiterer Tipp für die optimale Annahme von Aufträgen und Anfragen: Wenn Sie vermuten oder sogar wissen, dass die nachgefragte Position nicht über Zeitarbeit besetzt werden kann, weil die entsprechenden Kandidaten sich nur direkt vermitteln lassen und nicht über Zeitarbeit beschäftigt sein möchten, teilen Sie dies Ihrem Kunden klar mit: „Vielen Dank für die Anfrage. Ich habe mich sehr darüber gefreut und würde Sie gerne als Kunde gewinnen. Nur weiß ich aus Erfahrung, dass ich diese Stelle nur über die Personalvermittlung erfolgreich besetzen kann. Wenn Sie einverstanden sind, gehe ich gerne auf Kandidatensuche im Rahmen einer Direktvermittlung. Wie hört sich das für Sie an?"

Umgang mit exotischen Bewerbern
Bei „exotischen" Bewerbern greift dieselbe Empfehlung wie beim Kundenverhalten. Prüfen Sie generell, wie attraktiv der Bewerber für Sie und Ihren Kunden ist. Beleuchten Sie die Chancen und das Potenzial dieses Kandidaten genau und zeitnah. Wenn Sie keine Chance für eine Vermittlung sehen, machen Sie dem Bewerber keine Hoffnungen, sondern sagen Sie ihm höflich und kurzfristig ab. Das heißt wiederum nicht, dass Sie für Bewerber, die grundsätzlich das richtige Profil haben, für die jedoch gerade kein Auftrag vorliegt, nicht tätig werden sollen. Hier greift die aktive Platzierung von Mitarbeitern und Bewerbern.

Empfehlungsmarketing auch im Bewerbermanagement
Die Suche nach geeignetem Personal erfordert eine Menge Kreativität. Der aktuelle Arbeitsmarkt hat dazu geführt, dass sich die Rekrutierungskosten in den letzten Jahren verdoppelt haben. Die AÜG-Reform und die damit einhergehenden Veränderungen werden dazu führen, dass Sie noch mehr in diesen Bereich investieren müssen. Denn die Gefahr, einen Mitarbeiter nach neun Monaten bzw. nach 18 Monaten an den Wettbewerb oder auch an den Kunden zu verlieren, ist relativ hoch.

Eine für alle Seiten attraktive Rekrutierungsmöglichkeit ist das Empfehlungs-marketing bei Mitarbeitern und auch Bewerbern, das bereits von einigen Zeit-arbeitsfirmen phasenweise genutzt wird. Der wichtigste Punkt ist dabei, dass Sie das Empfehlungsmarketing als feste dauerhafte Größe in Ihrer Unternehmens-strategie verankern. Sprechen Sie jeden Mitarbeiter und Bewerber konkret und konsequent aktiv auf Empfehlungen an. Wenn Sie das Aussprechen von Empfeh-lungen aktiv und kontinuierlich steuern, können Sie für einen regelmäßig guten Bewerbungseingang sorgen. Wir möchten Ihnen allerdings raten, auf eine generelle Entlohnung solcher Empfehlungen zu verzichten. Denn wenn der Mitarbeiter von seinem Arbeitgeber überzeugt und mit den Aufträgen zufrieden ist, empfiehlt er Sie automatisch weiter.

Erhöhen Sie daher die Mitarbeiterzufriedenheit, indem Sie in qualifizierte Fort-bildungs- und in die Optimierung von Betreuungsmaßnahmen investieren. Wenn Sie punktuell Empfehlungsaktionen durchführen wollen, knüpfen Sie diese an ein Entlohnungspunktesystem. Das sieht unter anderem vor, dass nur dann eine Prämie für Empfehlungen ausbezahlt wird, wenn der entsprechende Bewerber mindestens eine Woche gearbeitet hat. Das Social Media kann Sie hierbei unterstützen.

XING/Facebook/Web 4.0
Unsere Bewerber und Mitarbeiter werden immer jünger und wir immer älter. Diese Tatsache ist kaum vorstellbar und doch ist es wahr. Die junge Generation ist die treibende Kraft bei der Nutzung der Social-Media-Plattformen, zum Finden von neuen und alten Freunden und für den allgemeinen Informationsaustausch.

Soziale Netzwerke
„Social Media" hat sich in den letzten Jahren vom Trendthema auch zum festen Bestandteil des Marketings in den deutschen Unternehmen entwickelt. Gerade Personaldienstleister müssen sich damit auseinandersetzen, denn etliche Akteure sind dort schon sehr professionell unterwegs. Sie haben den Vorteil, dass Sie über „Social Media" beide Kundengruppen erreichen können. Den potenziellen Mit-arbeiter und auch den Ansprechpartner des Kundenunternehmens. Das Bewerber-marketing kann sowohl über Facebook als auch über XING gesteuert werden. Die geschäftliche Ansprache des verantwortlichen Entscheiders sollte im ersten Schritt nur über XING erfolgen, denn Facebook wird in Deutschland noch überwiegend im privaten Bereich genutzt.

Viele Zeitarbeitsfirmen sind jedoch immer noch nicht aktiv in Social Media, sei es aus Angst vor Kontrollverlust, aus Unwissenheit über die Potenziale oder aus Unsicher-heit gegenüber den neuen Medien. Sie müssen sich mehr mit der Frage auseinander-setzen, was passiert, wenn Sie als Verantwortlicher dem Trend nicht folgen.

Ihre potenziellen Bewerber informieren sich über Sie im Netz. Sei es, weil sie auf eine Stellenanzeige aufmerksam geworden sind oder weil sie sich generell ein Bild von ihren aktuellen Möglichkeiten machen möchten.

Unternehmen nutzen Social Media für ihr Employer Branding und Recruiting, zur Selbstdarstellung und Vermarktung als guter Arbeitgeber oder für die Bindung zum Nachwuchs und potenziellen Arbeitnehmer. Es bietet Ihnen die Möglichkeit, mit Ihren Interessenten, Kunden, Bewerbern und Ihren Mitarbeitern in direkten Kontakt und in einen unmittelbaren Dialog zu treten. Es kann Sie in vielen Unternehmensaufgaben unterstützen, von der Kommunikation mit der Presse, Meinungsführern und Kunden, im Marketing und Vertrieb, im Recruiting und Employer Branding bis hin zur Erschließung neuer Zielgruppen und zur Einbeziehung von Nutzern bei der Entwicklung neuer Dienstleistungen.

Das wird künftig für alle Personaldienstleister eine noch größere Rolle spielen, denn hier können Sie die Frage von Bewerbern „Weshalb soll ich bei Ihnen einen Vertrag unterschreiben?" bereits im Vorfeld beantworten. Größere Unternehmen positionieren sich hier vermehrt mit eigenen Social-Media-Kanälen und -Präsenzen wie zum Beispiel Blogs, Twitter, Facebook, Instagram und Snapchat sowie der Einbindung von Videos und Podcasts.

Die Aufzählungen zeigen die zunehmende Bedeutung für die Personaldienstleistungsbranche in Bezug auf ihre aktuelle Situation. Nutzen Sie die Medien als Sprachrohr Ihrer Kunden und Mitarbeiter. Diese Art von Empfehlungen und Meinungen werden oftmals als glaubwürdiger angesehen, als allgemein gehaltene Botschaften Ihrer Unternehmenskommunikation. Nicht nur die emotionale Bindung der Zielgruppen zu Ihnen und Ihrer Firma kann durch Social Media wachsen, auch die interne Kommunikation kann verbessert werden. Diesen Gedanken hier weiter zu beschreiben, würde den Rahmen sprengen. Darüber hinaus gibt es sehr gute Experten auf diesem Bereich, die wir Ihnen im Anhang nennen. Die zentralen Fragen, die Sie sich in diesem Zusammenhang stellen sollten, sind:

- Wie stellen Sie sich attraktiv für neue Mitarbeiter dar und zwar intern und extern?
- Wie finden Sie die Bewerber, die Sie für Ihre Aufträge brauchen?
- Wie steigern Sie Ihr Image als Arbeitgeber für die nächsten Jahre?
- Wie stark ist Ihre Sichtbarkeit gegenüber dem Wettbewerb?
- Wen wollen Sie über Social Media erreichen und was konkret ist dabei Ihr Ziel?
- Wie halten Sie bestehende Mitarbeiter und wie können Sie das Empfehlungsmarketing weiter optimieren?
- Usw. ...

Überlegen Sie sich gut, welche Zielgruppe Sie ansprechen wollen und auf welche Art und Weise man diese am besten erreicht. Die Pflege und Kontrolle von

Social Media kann nicht nebenbei erfolgen. Wenn Sie sich für den Einsatz dieses Instrumentes entscheiden, müssen Sie einen dafür Verantwortlichen schaffen und ihn zeitlich freistellen. Die Social-Media-Welt ist rasant und einfallsreich und sie benötigt Erfahrung, um alle positiven Aspekte auszuschöpfen. Investieren Sie in Trainings und Seminare, identifizieren Sie Potenzialträger in Ihrem Unternehmen, die sich für die neuen Medien begeistern und offen sind, neue Wege in der Kunden- und Bewerberansprache zu gehen.

Welche Netzwerke werden in der Zukunft immer wichtiger?
In der Vergangenheit war es ausreichend, wenn Unternehmen in den letzten Jahren auf Portalen wie Facebook, Twitter, LinkedIn und XING präsent waren. Die Erfahrung, vor allem im Austausch mit anderen Branchen, zeigt, dass die Beliebtheit anderer Netzwerke stetig steigt und somit insgesamt ein Umdenken in der Social-Media-Strategie erfolgen muss. Besonders beliebt und somit erfolgreich sind Instagram, Pinterest und Snapchat. Instagram und Pinterest sind Plattformen, über die Nutzer Internetinhalte, vor allem Bilder mit ihren Kontakten, teilen können. Diese Portale bieten großes Potenzial, für die Sichtbarkeit von Unternehmen oder einen Einblick in deren Dienstleistungsangebot und der damit einhergehenden Unternehmenskultur. Vor allem Snapchat bietet attraktive und moderne Chancen für das Recruiting: Mit kurzen Videos, die nur 24 h im Internet verfügbar sind, kann man Kandidaten auf sich aufmerksam machen. Einige Firmen fordern ihre Bewerber sogar dazu auf, selbst kurze Bewerbungsvideos mithilfe der Snapchat-App zu erstellen.

Kundenseitiges Bewerbermanagement
Im Hinblick einer vertrauensvollen und guten Zusammenarbeit mit Ihren Kunden erinnern wir Sie noch einmal daran, ein Kundenjahresendgespräch mit Ihrem verantwortlichen Ansprechpartner im Zeitraum September-November zu führen. Ein Punkt bei diesem Treffen muss das kundenseitige Bewerbermanagement sein. Ein Thema, mit dem Sie gut einsteigen können, ist das Bewusst machen der Qualität und Schnelligkeit Ihrer Besetzungsquote.

Beispiel

PD: „Ich habe von Ihnen zehn Anfragen über folgende Qualifikationen erhalten. Drei Stellen konnte ich sofort besetzen. Zwei Stellen innerhalb von 48 Stunden und die restlichen fünf Aufträge musste ich leider stornieren. Von den fünf abgesagten Aufträgen habe ich bei vier Anfragen jeweils einen Kandidaten vorgeschlagen. Dabei sind mir im Bewerbungsprozess in Ihrem Hause einige Punkte aufgefallen, über die ich gerne mit Ihnen sprechen möchte. Mein Ziel ist es, Ihnen nächstes Jahr eine noch bessere Besetzungsquote präsentieren zu können."

◄

Bei diesem Einstieg und der Ankündigung eines Mehrwertes für den Kunden werden Sie auf jeden Fall eine positive Reaktion Ihres Ansprechpartners erhalten. Die Beschreibung könnte je nach individueller Situation beim Kunden folgendermaßen ausformuliert werden:

Beispiel

PD:	„Folgende Situationen konnten wir als Optimierungspotenzial feststellen:

- Das Feedback der Fachabteilung zur Personalabteilung dauert zu lange.
- Die Kenntnisse über die zu besetzende Stelle fehlen in der Personalabteilung.
- Der Empfang Ihrer Kandidaten fällt immer sehr kühl aus.
- Den Bewerbern auf die eigene Anzeige wird mehr Bedeutung beigemessen als Ihren Kandidaten." ◄

Diese zum Teil heiklen Punkte können Sie schlecht zwischen Tür und Angel besprechen. Zudem ist es notwendig, mehrere Beispiele zu liefern, um den Kunden zu zeigen, dass es sich um keinen Einzelfall handelt, sondern ein Muster zu erkennen ist. Was ist noch wichtig:

- Vermitteln Sie dem Kunden, dass er von Ihren Hinweisen zeit- und kostentechnisch profitieren kann, sozusagen als zusätzliche Servicedienstleistung.
- Voraussetzung für das Gelingen sind eine sehr gute Vor- und Aufbereitung der Fakten sowie eine professionelle Argumentationsgrundlage.
- Wenn Sie gemeinsam mit dem Kunden die Prozesse optimieren, müssen Sie ihm im Laufe des Jahres auch die Fortschritte präsentieren.

Weitere Themen wie beispielsweise das Entlohnungssystem für die Bewerber oder das Thema Preisgestaltung können für das Jahresendgespräch in Betracht kommen.

Sollte sich bei der Auswertung der Quoten herausstellen, dass eine Mehrzahl an Kandidaten aus Entlohnungsgründen abgesprungen ist – und dies obwohl der Kunde sie wollte – müssen Sie das dem Kunden mithilfe der Zahlen transparent darstellen. Gegebenenfalls ist eine Anpassung im Hinblick auf seine Qualifikationsansprüche oder der Preisgestaltung notwendig.

Kunden übernehmen immer häufiger ihre Mitarbeiter fest, die durchschnittliche Übernahmequote liegt weit über 30 % und wird sich in den nächsten Jahren aufgrund der Bewerbersituation und weiterer gesetzlichen Veränderungen immer mehr steigern. Jedoch nur unter der Voraussetzung, die wirtschaftliche Lage bleibt weiterhin so stabil. Das ist für alle Seiten schön, nur für die Zeitarbeitsunternehmen bedeutet das einen regelmäßigen Sicherheitsverlust von fixen Einnahmen ohne adäquate Entschädigungsleistung seitens des Kunden. Sie müssen dieser Entwicklung positiv entgegensteuern und kontinuierlich wachsen, zum Beispiel mit regelmäßigen Zieleinstellungen in der Niederlassung. Zieleinstellungen, das heißt, Bewerbern eine feste Einstellung ohne konkreten Auftrag anzubieten, sollten Sie wöchentlich gestreut vornehmen. Damit Sie dieses kalkulierbare Risiko eingehen können, müssen Sie Ihren Bewerber- und Kundenmarkt richtig einschätzen.

Parallel dazu ist es wichtig, Übernahmeregelungen in den AGB schriftlich zu verankern und sich im Tagesgeschäft auch daran zu halten. Wenn wir in den Seminaren und Coachings fragen, ab welchem Zeitpunkt Kunden die Mitarbeiter provisionsfrei übernehmen dürfen, erhalten wir sehr unterschiedliche Antworten. Aussagen wie „In den Verträgen steht nach Ablauf von zwölf Monaten. Es hält sich jedoch niemand daran." sind keine Seltenheit. Drei, sechs oder zwölf Monate sind die Zeiträume, die uns genannt werden. Durch die Einführung von Equal Pay nach neun Monaten ab dem 1. Januar 2018 wird sich der Druck auf die Dienstleister erhöhen und sich die Erwartungshaltung des Kunden auf kostenfreie Übernahme nach Ablauf von neun Monaten einpendeln. Wir können Ihnen an dieser Stelle nur dringend aufgrund der gravierenden Kostensteigerungen in den Bereichen Recruiting, Digitalisierung und Lohnentwicklung empfehlen, bei der Vereinbarung von zwölf Monaten zu bleiben. Natürlich können Sie es Ihrem Kunden freistellen, die Mitarbeiter nach neun Monaten zu übernehmen, wenn er Equal Pay nicht zahlen bzw. die dazu nötigen Informationen nicht preisgeben möchte. Der Differenzbetrag wird dann in Rechnung gestellt.

Sie sehen an diesen Beispielen, dass sich der Kreis allmählich schließt und sich die anfangs beschriebenen Maßnahmen hier wiederfinden.

Wir empfehlen an dieser Stelle nochmals unser Buch „Mehr Bewerber", unser Gesamtwerk zum Thema Bewerbermanagement und Bewerber Bindung.

Literatur

Statista (o. J.) https://de.statista.com/themen/1842/soziale-netzwerke/. Zugegriffen am 24.02.2021

Effektive Präsentations- und Akquisetechniken bei Neukunden

6

Zusammenfassung

Wenn Sie einen Besuchstermin bei einem potenziellen Neu- oder Bestandskunden haben, müssen Sie sich genauso sorgfältig vorbereiten wie bei telefonischen Kontakten. Es ist Ihr Auftritt zum Erfolg! Der Kunde hat verschiedene Kaufmotive, die Sie in Erfahrung bringen und schnell erkennen müssen. Je besser Sie auf mögliche Situationen beim Kunden vorbereitet sind, desto stärker können Sie sich auf den Kunden konzentrieren. Nur so steigern Sie Ihre Chance auf einen Kaufabschluss.

6.1 Präsentationsplanung und der persönliche Vortragsstil

Kunden haben verschiedene Kaufmotive, und insbesondere bei Neukunden sind Sie gefordert, diese schnell zu erkennen. Je besser Sie auf mögliche Themen und Situationen beim Kunden vorbereitet sind, je gründlicher Sie sich mit eventuellen Einwänden befasst und für diese bereits Lösungen erarbeitet haben, desto besser können Sie sich auf den Kunden konzentrieren. Nur so gelingt eine optimale Argumentation. Das Entscheidende bei der Erstpräsentation beim Kunden ist eine kurzweilige und für den Kunden informative Selbstdarstellung Ihrer Person bzw. Ihres Unternehmens. Ihr verantwortlicher Ansprechpartner steht auch hier im Mittelpunkt Ihres Interesses, und Sie haben die Aufgabe, einen optimalen Rahmen für seine Darstellung zu schaffen. Der schlimmste Fehler beim ersten Kennenlernen besteht darin, nach der Begrüßung eine viertel- oder halbstündige Präsentation per

© Springer Fachmedien Wiesbaden GmbH, ein Teil von Springer Nature 2021
N. Truchseß, M. Brandl, *Zeitarbeit erfolgreich verkaufen*,
https://doi.org/10.1007/978-3-658-33640-0_6

Notebook, Beamer oder Tablet durchzuführen, ohne zu wissen, worauf der Kunde wirklich Wert legt.

> **Tipp** Vereinbaren Sie je nach Thema des Treffens und Kenntnisstand über den Kunden erst eine Vorbesprechung mit dem Ansprechpartner und dann einen zweiten Termin mit allen am Entscheidungsprozess Beteiligten. In der Folge können Sie Ihre Präsentation individuell auf die Bedürfnisse zuschneiden und der Kunde wird die Zeit, die Sie für ihn investieren, positiv wahrnehmen. Gerade bei rechtlichen Veränderungen hat sich dieses Vorgehen positiv bewährt.

Folgende Punkte sollten von Ihnen berücksichtigt werden:

• Wahl der Kleidung.
• Vorbereitung wie in Abschn. 2.2 beschrieben.
• Planung des Gesprächsablaufs und der Unterlagen.
  – immer bezogen auf die Zuhörer und ihre Motive.
  – Ziel formulieren.
  – unterscheiden Sie Wesentliches von Unwesentlichem.
  – Struktur mit rotem Faden entwickeln (Anfang, Mittelteil, Ende).
• Ihre Gestik, Ihre Mimik und Ihre Reaktion auf die Einwände vom Kunden beeinflussen maßgeblich den Ausgang des Gesprächs.

Machen Sie sich bewusst, dass Ihre individuelle Sprache und Ihr Vortragsstil für die Aufnahme und die Wirkung Ihrer Aussagen beim Kunden ausschlaggebend sind. Es sind Ihre Mittel, mit denen Sie sich selbst und Ihre Botschaft unterstützen können. Allerdings sollten Sie ein paar grundsätzliche Regeln beachten, damit Ihre Präsentation kurzweilig wird. Die Wichtigsten hier:

Referieren Sie frei
Wenn Sie die Folien als Stichwortgeber benutzen und gleichzeitig zu den einzelnen Stichwörtern frei referieren, dann wirkt das professionell. Achten Sie hierbei darauf, dass Sie Ihrem Publikum zusätzlich zu den Informationen auf der Folie noch neue und unbekannte Details verraten. Auf diese Weise erhalten Sie die Spannung! Keiner Ihrer Zuhörer weiß, was noch alles kommt. Lassen Sie sich niemals durch Folien ersetzen. Es ist immer noch der Mensch und nicht die Technik, die überzeugt. Lesen Sie die Texte auf den Folien nicht vor und seien Sie generell sparsam mit schriftlichen Inhalten.

Sprechen Sie in Bildern

Je mehr Sinne bei der Aufnahme von Informationen beteiligt sind, desto besser bleiben sie im Gedächtnis haften. Dahinter steht die Erfahrung, dass der Zuhörer besser versteht und deutlich mehr behält, wenn er die wesentlichen Inhalte des Gehörten auch sieht.

Eine Visualisierung hat den Vorteil, dass Sie gezwungen sind, ein präzises Bild zu entwickeln. Und wenn etwas anschaulich ist, fällt es Ihren Zuhörern leichter, die Information im Gedächtnis zu speichern. Das bedeutet für Ihren Vortrag:

- Illustrieren Sie das Thema mit passenden Bildern und Grafiken in der Präsentation.
- Schaffen Sie Gedankenbrücken.
- Bauen Sie durchaus auch eine Geschichte („Storytelling"), ein Beispiel oder eine Anekdote ein, um Erinnerungen und Gefühle anzusprechen. Wichtig dabei ist, dass der Betrachter Ihnen folgen kann.
- Unterstützen Sie Ihre Ausführungen gelegentlich mit Zahlen, Daten und Fakten oder Definitionen.
- Zeigen Sie den Wert, den Zweck und den Sinn eines Themas auf und machen Sie deutlich, welchen persönlichen Nutzen die Teilnehmer haben.
- Beziehen Sie die Erfahrungen der Zuhörer mit ein und unterstreichen Sie auch, was sich für den Zuhörenden ändert, wenn das Thema bearbeitet ist.

Auch hier gilt: weniger ist mehr! Beschränken Sie sich auf wenige gute Beispiele, die Ihre Struktur und Ihr Ziel unterstützen. Überfrachten Sie Ihren Vortrag nicht mit unwichtigen Details und überfordern Sie Ihre Zuhörer nicht. Es gibt viele weitere Möglichkeiten, Ihren Vortrag gut und lebendig zu gestalten. Beschäftigen Sie sich damit im Vorfeld. Üben Sie!

Körpersprache und innere Haltung

Von allen Informationen, die wir aus einem Gespräch entnehmen können, entfallen etwa sieben Prozent auf den tatsächlichen Inhalt des Gesagten, ca. 38 % auf Stimmlage und Betonung und der größte Anteil mit etwa 55 % entfallen auf Mimik und Gestik. Ihre Haltung, Gestik, die Mimik und Ihre Stimme machen also über 80 % Ihrer Wirkung aus. Das heißt, Ihre Körpersprache legt auch Ihre innere Haltung, Ihre wahren Gedanken und Gefühle frei. Freuen Sie sich auf Ihren Vortrag. Trainieren Sie ihn; üben Sie Ihre persönliche, individuelle Gestik und bleiben Sie dabei immer natürlich. Und wenn Sie am Anfang stehen, freuen Sie sich darüber, jetzt üben zu können.

Nehmen Sie mit dem Publikum Blickkontakt auf. Er ist eine Grundvoraussetzung für eine gelungene Kommunikation. Sie nehmen die Reaktionen wahr und können unmittelbar auf erstaunte oder fragende Gesichter eingehen, beispielsweise Rückfragen, ob etwas nicht verstanden wurde. Damit haben Sie die Möglichkeit, Wesentliches zum Verständnis nachzuholen und Nähe zu schaffen.

Sie werden begeisternd auf den Ansprechpartner wirken, wenn Sie von Ihrer Dienstleistung und dem damit verbundenen Mehrwert für den Kunden überzeugt sind. Dasselbe gilt für Ihre Ängste, Zweifel und Unsicherheiten in negativer Form. Das folgende Zitat bringt dabei unsere Aufgabe am besten auf den Punkt:

▶ „In dir muss brennen, was du in anderen entzünden willst". (Augustinus von Hippo 354–430)

Die Personaldienstleistung wird weiterhin durch die rechtlichen Veränderungen stark reglementiert, somit vergleichbar und austauschbar. Das wichtigste Alleinstellungsmerkmal, über das Sie verfügen, ist Ihre Persönlichkeit. Machen Sie sich daher selbst zur Marke!

Somit gewinnt das Zitat von Augustinus noch mehr an Bedeutung, denn Ihre Überzeugung und Begeisterung während des Vortrags überträgt sich auf den Kunden. Zuletzt wird er sich nicht allein für Ihr Zeitarbeitsunternehmen, sondern vor allem auch für Sie als verantwortlichen Ansprechpartner entscheiden. Der hohe Stellenwert eines persönlichen Kontaktes und das Vertrauen in Ihre Person sind auch die Voraussetzungen für die Gewinnung von Empfehlungen.

6.2   Aktives Empfehlungsmarketing

Wenn Sie den Begriff „Empfehlungen" lesen oder hören, denken Sie sicherlich, dass Sie diese Art von Direktansprache bereits kennen. Sie leisten gute Arbeit, und als Dankeschön erhalten Sie von Ihrem Kunden eine Empfehlung. Wir zeigen in diesem Kapitel auf, wie Sie diese Form der Kundengewinnung aktiv planen und nicht dem Zufall überlassen. Es gibt Mittel und Wege, die Anzahl von Empfehlungen deutlich zu steigern, denn zufriedene Kunden empfehlen Sie gerne weiter. Sie müssen nur danach fragen.

Versetzen Sie sich in diese Situation: Sie führen ein Kundenjahresendgespräch mit Ihrem Ansprechpartner. Das Feedback fällt sehr positiv aus und die Zusammenarbeit wird sich im nächsten Jahr fortsetzen. Unter dieser Voraussetzung können Sie am Ende des Besuches Ihren Kunden aktiv auf Empfehlungen ansprechen.

Beispiel

PD:	„Vielen Dank, lieber Herr … Ich freue mich sehr über das positive Feedback und auf unsere weitere Zusammenarbeit. Zum Schluss habe ich jetzt noch eine Bitte. Wie Sie wissen, sind wir immer auf der Suche nach attraktiven Arbeitsplätzen für unsere Mitarbeiter und ich würde mich hier über Ihre Unterstützung freuen. Für wen in Ihrem beruflichen oder auch privaten Umfeld könnte denn unsere Dienstleistung noch von Vorteil sein?"
Kunde:	„Hm, da muss ich mal überlegen. Bei einem unserer Lieferanten könnte ich mir das gut vorstellen. Ich weiß, dass die Zeitarbeit in ihrem Unternehmen einsetzen. Soll ich Ihnen den Kontakt zum Ansprechpartner herstellen?"

Hier haben Sie zwei Möglichkeiten:

1. Sie sagen ja und rufen dann den Ansprechpartner mit dem Hinweis auf die Empfehlung an.
2. Sie bitten Ihren Kunden, den Kontakt herzustellen und Ihnen zurückzumelden, wann es Sinn macht, beim Kunden anzurufen.

PD:	„Herzlichen Dank. Ich hätte noch eine Bitte. Aus Erfahrung weiß ich, dass nicht jeder gerne als Kontaktadresse genannt wird. Könnten Sie eventuell vorfühlen, ob das in Ordnung wäre, wenn ich mich melde?"

◄

Die Vorteile der zweiten Möglichkeit liegen vor allem in der Vorqualifizierung der Kontaktadressen und dem damit verbundenen Zeitgewinn für Sie.

▶ Denken Sie immer daran, Ihren Kunden auf dem Laufenden zu halten und sich auch bei passiv ausgesprochenen Empfehlungen zu bedanken.

Für den Fall, dass Ihr Ansprechpartner keine Empfehlungen aussprechen möchte, kann es sein, dass er mit der Zusammenarbeit nicht zufrieden ist. Sprechen Sie ihn bitte darauf an: „Abgesehen von diesem Thema. Über welche Punkte sollten wir noch sprechen?"
Die zweite Möglichkeit, mit Empfehlungen aktiv zu akquirieren, besteht im Rahmen einer Preisverhandlung. Gerade Einkäufer haben wenig Interesse an qualitativen Argumenten, ihre Aufgabe ist es, Einsparungen zu erzielen. Fordern Sie im Zuge einer Preisanpassung zwei Empfehlungsadressen vom Einkäufer ein. Probieren Sie es aus, es macht Spaß und funktioniert unter der Voraussetzung, dass tatsächlich nur der Preis für die Entscheidung des Einkäufers ausschlaggebend ist.

Und lassen Sie Ihren Empfehlungsgebern Zeit. Einmal richtig adressiert, bleibt das Thema im Hinterkopf, und es kann sein, dass Empfehlungen Wochen oder Monate später kommen. Wichtig ist nur, dass man Empfehlungsmarketing systematisch immer wieder anwendet.

▶ Egal, ob beim Thema Empfehlungen oder Veränderungen der Wünsche bzw. des Ansprechpartners beim Kundenunternehmen, eine Ihrer Aufgaben als Personaldisponent ist es, tagesaktuell informiert zu sein.

Das heißt konkret, Sie dürfen täglich gerne die Presse verfolgen und Zeitungen nach interessanten Nachrichten sichten. Es bieten sich auch hier mehrere Ansatzmöglichkeiten für Vertriebsaktivitäten.

6.3   Empfehlungsmarketing verstärkt durch Social Media

Besonders effektiv ist diese Akquise durch Empfehlungen, wenn Sie sie durch die Social-Media-Plattformen einleiten, pflegen und auch steuern können.

Die Mitarbeiter in der Zeitarbeitsbranche nutzen gerne Stellenanzeigen, um Kontakt mit den Personalentscheidern aufnehmen zu können.

▶ **Tipp** Rufen Sie vorher den Ansprechpartner an und fragen Sie ihn, ob Sie ihn mit Profilen unterstützen dürfen. Weisen Sie auf die besonders guten Qualifikationen Ihres Bewerbers/Mitarbeiters im Vorfeld hin. Sie untermauern damit die positive Erinnerung an das Kandidatenprofil und diese Form der Hilfestellung wird generell positiv bewertet. Sichern Sie sich ab, ob diese Kontaktperson auch der Entscheider für Zeitarbeit und/oder nur für direkte Personaleinstellungen ist.

Falls Sie ihn vorab nicht erreichen, nehmen Sie Kontakt über XING mit dem Ansprechpartner auf. Zum Beispiel so: „Sehr geehrter Herr …, ich bin auf Ihre interessante Firma über die Stellenanzeige in der Allgemeinen Zeitung aufmerksam geworden. Über eine Kontaktbestätigung und die Möglichkeit eines ersten Telefonates würde ich mich sehr freuen. Beste Grüße …"

Auswertungen solcher Projekte haben folgende Quoten ergeben: 20 Briefe an Interessenten, davon zehn Ansprechpartner in XING gefunden, zehn Kontaktanfragen, sieben Bestätigungen, sieben Telefonate, fünf Besuche, drei Aufträge.

Diese Aufträge waren nicht zwangsläufig mit der gesuchten Qualifikation der Stellenanzeige verbunden.

Im Vergleich zu dieser Vorgehensweise raten wir dringend ab, den Ansprechpartnern bei potenziellen Neukunden ungefragt Profile zu senden. Die Gründe dafür sind der hohe Zeitaufwand für die Profilerstellung, die geringe Wahrnehmung der Unterlagen beim Kunden und die dadurch niedrigeren Abschlussquoten beim Nachfassen der Angebote. Unsere Erfahrungswerte zeigen ganz klar auf, dass der Kunde eine solche Art der Kontaktaufnahme ablehnt. Bitte gehen Sie daher nur nach Absprache mit Ihrem Entscheider so vor.

Weitere Möglichkeiten, Social Media mit anderen Medien zu nutzen, sind die Kombination aus Internet/Pressemitteilungen bzw. Zeitungsberichten und XING mit und ohne Mailing-Aktionen.

6.4 Weitere Akquisetipps aus der Praxis

Sie lesen am Wochenende einen spannenden Artikel in der Zeitung über ein Ihnen noch unbekanntes Unternehmen. In diesem Zeitungsbericht wird sehr positiv über den Geschäftsführer, Vorstand oder den Eigentümer berichtet. Dieser ist darüber hinaus auf einem Bild abgebildet. Sie fühlen sich durch den Artikel angesprochen und erkennen Potenzial für eine Zusammenarbeit. Sie haben nun drei Möglichkeiten der weiteren Vorgehensweise:

1. Sie nehmen den Artikel, schneiden ihn aus und kleben ihn auf das Geschäftspapier von Ihnen. Darüber hinaus schreiben Sie dem Geschäftsführer einen Brief, Bezug nehmend auf den Artikel. Als Abschluss bzw. in der Überleitung vom Zeitungsbericht zum Ende des Briefes können Sie kurz und prägnant Ihr Unternehmen vorstellen. Eine Woche nach Versand des Briefes können Sie versuchen, den Ansprechpartner telefonisch zu erreichen oder Sie schicken ihm über XING eine Kontaktanfrage. Nach der Kontaktbestätigung rufen Sie den Kunden an und vereinbaren einen Termin.
2. Sie nehmen Bezug auf den Artikel und schreiben den Ansprechpartner direkt über XING an und bitten um eine Kontaktbestätigung. Das ist genauso erfolgreich und Sie sparen deutlich Zeit. Der Vorteil beim ersten Beispiel liegt im hohen Wiedererkennungswert und der Möglichkeit der Kontaktaufnahme mit Entscheidungsträgern, die nicht in den Social Medien zu finden sind.
3. Sie haben einen Wunschkunden, den Sie unbedingt für sich gewinnen wollen. Hier lohnt sich ein Blick auf die Internetseite des Firmenkunden. Meist findet sich ein aktueller Presseartikel auf der Internetseite selbst oder Sie „googeln"

einen früheren veröffentlichten Bericht. Die weitere Vorgehensweise ist identisch wie unter Punkt eins.

Beachten Sie dabei bitte, dass Sie eine überschaubare Größe von maximal zehn Kontakten pro Monat einhalten. Für den Akquiseerfolg ist es entscheidend, dass Sie mit Ihren Aktionen entsprechend nachhaltig verfahren. Zu lange Unterbrechungszeiten zwischen Brief, XING-Anfrage und Telefonie wirken sich negativ auf Ihre Abschlussquoten aus.

Unabhängig der jeweiligen Vertriebsaktionen müssen Sie bzw. Ihr Unternehmen in XING, LinkedIn und/oder auf Facebook vertreten sein. Pflegen Sie Ihre Kontakte und nutzen Sie Social Media kontinuierlich als Akquiseunterstützung für die Gewinnung von Kunden und auch Mitarbeitern. Die Frage, ob Sie das Einbeziehen von Social Media gut oder schlecht bewerten, stellt sich nicht!

Vielmehr steht die Frage im Vordergrund, wie Sie das Thema für Ihr Unternehmen und in Ihrer Vertriebs- und Unternehmenskommunikation nutzen können. Denn es besteht die Gefahr, dass Sie bei Nichtnutzung einen gewissen Marktanteil verlieren und langfristig an Geschäft einbüßen. Lassen Sie sich daher beraten, besuchen Sie Fortbildungskurse oder beauftragen Sie jemanden mit dieser Aufgabe.

Der Wandel in der Zeitarbeit

7

Zusammenfassung

Nach Einführung der Branchenzuschläge am 1. November 2012 erfuhr am 1. April 2017 die Zeitarbeit den nächsten harten Einschnitt durch eine strengere Reglementierung des Arbeitnehmerüberlassungsgesetzes: Die AÜG-Reform. Es wird nicht die letzte Veränderung gewesen sein. Es gilt, sich nun grundsätzlich auf den Wandel in der Personaldienstleistung einzulassen und sich rechtzeitig auf die Marktveränderungen vorzubereiten.

Aufgrund der noch vorhandenen rechtlichen Lücken und Unsicherheiten in den Bereichen Equal Pay, Ausnahmeregelungen, Interpretationsspielräume und Dokumentationspflichten herrschte nach vier Jahren wieder ein Ausnahmezustand in der Personaldienstleistung. Gebannt wartete man auf klare und transparente Formulierungen und Reglements seitens der Politik, der Behörden und der Verbände. Diese blieben teilweise leider aus oder kamen mit erheblicher Verzögerung.

Jedem, der sich zeitnah mit den Veränderungen und Neuerungen auseinandersetzte, war klar, dass hier ein Wandel – ein weiterer Neustart eingeläutet wurde – mit entsprechenden Konsequenzen und der klaren Erkenntnis: Die Zeiten geringer Vertriebsaktivitäten war vorbei. Folgende Punkte waren hier entscheidend und werden bei zukünftigen Veränderungen bedeutend sein:

© Springer Fachmedien Wiesbaden GmbH, ein Teil von Springer Nature 2021
N. Truchseß, M. Brandl, *Zeitarbeit erfolgreich verkaufen*,
https://doi.org/10.1007/978-3-658-33640-0_7

163

7.1   Die richtige Kommunikation

„Wie sag ich´s meinem Kunden?" – Die AÜG-Reform brachte nicht nur Veränderungen im technischen Ablauf mit sich. Auch im Vertrieb stehen die internen Mitarbeiter vor der Herausforderung, die neue Struktur – und die Kostensteigerung – den Kunden zu „verkaufen". Parallel zu Equal Pay, der Verkürzung der maximalen Überlassungsdauer fanden und finden unter anderem regelmäßige Tariferhöhungen statt.

Wie tief steigt man in das Kundengespräch ein?
Finden Sie die passende Dosierung: Wie viel Hintergrundinformationen benötigt der Kunde, um die neuen Preisgestaltungen und vor allem neue gesetzliche Rahmenbedingungen zu verstehen und zu akzeptieren? – Der Maßstab hierfür ist zunächst einmal der Kunde selbst. Hier gilt es – aus der Erfahrung, der persönlichen Einschätzung oder der Intuition – den richtigen Mix zu finden. Folgende Informationen sollten Sie daher vor der Beratung über Ihren Kunden in Erfahrung gebracht haben:

1. Wie viele Mitarbeiter hat das Unternehmen intern?
2. Wie viele Mitarbeiter hatten Ihre Kunden durchschnittlich im letzten Jahr über die Zeitarbeit?
3. Mit wie vielen Partnern arbeitet Ihr Entscheider zusammen?
4. Welche Qualifikationen werden insgesamt über die Personaldienstleistung besetzt?
5. Wie sieht er die Entwicklung persönlich?
6. Welches Instrument, Zeitarbeit oder Personalvermittlung, ist ihm lieber?
7. Wie stark ist das Kundenunternehmen von der Zeitarbeit strategisch abhängig?
8. Wie ist die durchschnittliche Überlassungsdauer?
9. Wie lange sind die Einarbeitungszeiten der Zeitarbeitskräfte?
10. Wie hoch ist die Übernahmequote und ab welchem Monat?
11. Wie werden die eigenen Mitarbeiter (zunächst ungefähr) bezahlt?
12. Welche Informationen zu den aktuellen Veränderungen liegen dem Kunden bereits vor?
13. Mit all diesen Fragen erhalten Sie die notwendigen Informationen, um genau abzuschätzen, wie intensiv und tief gehend die weiteren Beratungsgespräche werden müssen.

Konzentration auf die Vorteile

Die AÜG-Reform beispielsweise, ist seit Jahren beschlossene Sache. Es bringt :m Kundengespräch nichts, ungefragt über die Nachteile dieser Entscheidung zu sprechen oder über die Politik zu schimpfen. Machen Sie sich jede Neuregelung zu Eigen und konzentrieren Sie sich auf die Chancen, die sich durch die jeweiligen Veränderungen ergeben. Nur wer von den Vorteilen der kommenden Veränderungen überzeugt ist, hat auch eine Chance, diese nachhaltig durchzusetzen. In vielen Fällen wird zu sehr über die Nachteile debattiert, anstatt sich ernsthaft mit den vielen positiven Veränderungen zu beschäftigen. Die Frage ist also: „Was sind die Vorteile für die Branche, für die Kunden und die überbetrieblichen Mitarbeiterinnen und Mitarbeiter?"

Die Vorteile im Überblick

1. Befriedung der Zeitarbeit: Durch die weitere Angleichung an die Löhne, die im Einsatzbetrieb gezahlt werden, wird ein wesentlicher gewerkschaftlicher und gesellschaftlicher Kritikpunkt an der Zeitarbeit aus der Welt geschafft. Eine Imagesteigerung der Zeitarbeit („Gleiches Geld für gleiche Arbeit!") ist auch gut für das Einsatzunternehmen – muss es sich doch unter Umständen nicht mehr dafür rechtfertigen, hierauf zurückzugreifen.
2. Betriebsfrieden im Einsatzbetrieb: Durch den Imagegewinn der Zeitarbeit steigt nicht nur die gesellschaftliche, sondern auch die betriebliche Akzeptanz. Das ist gut für den Betriebsfrieden.
3. Mehr Bewerber: Durch bessere Entlohnungsperspektiven wird die Zeitarbeit auch für Bewerber interessant, die sich vorher nicht bei der Zeitarbeit beworben hätten. Gerade in Zeiten des Fachkräftemangels bietet Zeitarbeit insofern eine gute Ergänzung zu den eigenen Rekrutierungsbemühungen.
4. Leistungsfähigkeit rückt in den Fokus: Dadurch, dass es wohl in aller Regel im Überlassungsverlauf zu Preissteigerungen kommt, wird der Einsatzbetrieb im Vorfeld dieser Stufen den Mitarbeiter jeweils dahingehend überprüfen, ob der Kostensprung mit der Leistungsfähigkeit einhergeht.
5. Höhere Motivation des Mitarbeiters: Umgekehrt ist die Zeitarbeitskraft noch motivierter und daran interessiert, dass vor der nächsten Branchenzuschlagsstufe der Einsatz nicht endet. Darüber hinaus erfährt er auch eine höhere Akzeptanz als gefühlt „gleichwertiger" Mitarbeiter.
6. Preisargument: Zeitarbeit bleibt in der Gesamtbetrachtung (erfolgsabhängige Entlohnung) günstiger als eine Festanstellung.

Erinnern Sie sich auch an die bisherigen Vorteile der Zeitarbeit, die nach wie vor gültig bleiben.

7.2   Zukünftige AÜG-Reformen: Gute Vorbereitung ist Pflicht

Wer gut vorbereitet in die Gespräche geht, erhöht seine Chance enorm, ein gutes Ergebnis zu erzielen. Bei unseren Coachings in den Zeitarbeitsunternehmen erleben wir es leider immer wieder, dass man Change-Themen zu sehr auf die leichte Schulter nimmt. Wenn der Kunde über die neuesten Veränderungen mehr weiß als Sie selbst, ist das suboptimal. Das Thema sollte also fachlich sitzen. Darüber hinaus ist es wichtig, sich über seine Ziele, die bisherige Zusammenarbeit, die eingesetzten Mitarbeiter und natürlich die preislichen Veränderungen im Klaren zu sein. Hier konnten alle Personaldienstleister punkten, die sich schon Monate im Voraus mit ihren Kunden zusammengesetzt hatten und alle Lösungsansätze mit deren Vor- und Nachteilen durchdiskutiert hatten. Bitte nehmen Sie viele schriftliche Unterlagen mit in die Verhandlungen und setzen Sie sich Ihre eigenen (Preis-) Grenzen. Ab welchem Zeitpunkt steigen Sie aus dem Gespräch aus oder benötigen Sie die Genehmigung Ihrer Geschäftsführung? Die gesetzlichen Veränderungen sind so komplex, dass es vollkommen richtig und auch professionell ist, klar zu formulieren, wenn man etwas nicht weiß bzw. noch einmal Rücksprache halten möchte: „Vielen Dank für Ihre Frage und das damit verbundene Vertrauen. Ich halte kurz Rücksprache mit unserem Juristen (Verband, Geschäftsführer etc.) und melde mich in zwei Stunden noch einmal bei Ihnen."

Wichtig ist auch: Für die gesetzlich korrekte Umsetzung unter anderem von Equal Pay (wie auch schon bei den Branchenzuschlägen) benötigt das Zeitarbeitsunternehmen bestimmte Informationen vom Einsatzbetrieb. Diese sollten nun in einem entsprechenden Kundenfragebogen optimal ergänzt werden. Setzen Sie sich mit den neuen gesetzlichen Rahmenbedingungen auseinander, denn Sie müssen Ihren Kunden korrekt und kompetent beraten und vor allem rechtssicher handeln. Hilfestellungen geben Ihnen entsprechende Rechtsseminare und die beiden Verbände der Zeitarbeit. Und seien Sie sich sicher: Die nächste Reform oder Veränderung der gesetzlichen Rahmenbedingungen kommt bestimmt! Spätestens nach der jeweils nächsten Bundestagswahl.

7.3 Recruiter versus Vertriebler

Die Berufsbilder „Verkäufer" und „Recruiter" werden sich weiter wandeln und sich neuen Aufgaben stellen müssen. Wer hätte vor fünf Jahren gedacht, dass sich Mitarbeitersuche wie harte Vertriebsarbeit anfühlt und auch ein Personalreferent Vertriebstechniken beherrschen sollte? Dieses Buch bildet ein gutes Fundament für eine erfolgreiche Vertriebsarbeit in der Personaldienstleistung, unabhängig von der Aufgabenstellung Kunden- oder Bewerbergewinnung. Sie werden sehen, dass Sie Ihr Tagesgeschäft noch besser bewältigen werden, wenn Sie sukzessive alle Tipps erprobt und auf Ihre persönliche Weise in Ihren täglichen Arbeitsprozess integriert haben.

„Ich bin ein Recruiter und kein Vertriebler." Diesen oder einen ähnlichen Satz hören wir, wenn wir in den Niederlassungen vor Ort oder im Seminar sind. Wenn die Sprache auf Fragetechnik, Kontaktkettendenken und Fähigkeiten des guten Zuhörens kommt. Das Bewusstsein, dass Rekrutierung auch eine Form von Vertrieb und Akquise ist, ist oftmals nicht vorhanden.

In der Personaldienstleistungsbranche erleben wir immer wieder die Situation, dass der Fokus aller Vertriebsaktivitäten auf der Kundenseite liegt. Hier wird investiert, geschult und sich weitergebildet. Doch bei der Frage: „Gibt es ein Bewerberbindungsmanagement bei Euch?" herrscht Schweigen. Dabei liegt eines der größten Probleme, über das die gesamte Branche jammert, in der Mitarbeitergewinnung.

Wie kann es also gelingen, mehr potenzielle Bewerber anzuziehen oder generell andere Bewerber mit einer anderen Qualifikation für sich zu begeistern? Hier einige wichtige Tipps:

Vertriebsorientiert kommuniziert statt verwaltet

„Schicken Sie mir bitte Ihre Bewerbungsunterlagen. Wir melden uns dann bei Ihnen." Das erinnert doch sehr stark an: „Wenn mein Kunde einen Auftrag hat, meldet er sich schon bei mir."

Muss nicht jeder Personaler heutzutage auch ein guter Verkäufer sein? Vor allem mit Blick auf den rasant ansteigenden Bewerbermangel. Wie wichtig die Auseinandersetzung mit dieser Frage ist, erkennt man aktuell in der Zusammenarbeit mit den Personalabteilungen beim Nachfassen von Unterlagen und Angeboten. Die Erfahrung in diesem Prozessabschnitt zeigt, wie oft Ansprechpartner in den Personalabteilungen verwaltungs- und nicht vertriebsorientiert agieren und dreiwöchige Vertröstungsprozesse keine Ausnahme sind. Dieses Verhalten läuft jedoch konträr zur steigenden Erwartungshaltung des Bewerbers an seinen künftigen Arbeitgeber hinsichtlich der Themen Wertschätzung, Service und Schnelligkeit der Entscheidungsprozesse. Verkaufen heißt eben nicht nur beraten oder ein bisschen Small Talk betreiben. Es geht darum, sich in den Gesprächspartner und dessen Situation hinzuzuversetzen, sich mit seinen Wünschen und Bedürfnissen auseinanderzusetzen. Es heißt auch, sich im Vorfeld damit zu beschäftigen, mit welchem Verhaltenstypen ich es zu tun habe und auf welcher Ebene man am besten zueinander findet, Argumente vorbereiten und sich vor allem die Frage zu stellen: Was will ich in dem Gespräch eigentlich erreichen? Das gilt nicht nur für den klassischen Vertrieb, sondern auch für das Recruiting.

Bilder statt Texte
Sprechen Sie in Bildern, nicht nur in Texten. Das gilt für die mündliche Kommunikation genauso wie für alle Anzeigen, vor allem auf den Social-Media-Kanälen. „Wir brauchen keine Schönwettersegler, sondern starke Führungspersönlichkeiten, die ihr Schiff und ihre Mannschaft auch in stürmischen Zeiten heil ans Ziel bringen." Es gilt den Bewerber emotional anzusprechen und den Kontakt zu einem Erlebnis zu machen. Wenn es um die Vermarktung des Kandidaten geht, sprechen Sie nicht von einem Profil. „Ich habe hier ein interessantes Profil für Sie." Diese Aussage mag stimmen, nur ist sie leider total langweilig und ein Stück Papier versetzt Ihren Kunden nicht in einen positiven emotionalen Zustand. „Ich rufe im Auftrag meines Mitarbeiters/Vermittlungskandidaten an. Er ist ein wahres Organisationstalent/ein Fels in der Brandung/ein zweifacher 35 Jahre alter Familienvater ..." Wir sehen immer wieder, wie schwer es den Personalberatern fällt, andere Worte zu gebrauchen, in Bildern zu sprechen. Eine Hilfestellung kann Ihr Mitarbeiter und Bewerber Ihnen geben. Fragen Sie ihn doch einmal, wie er von Ihnen beim Kunden beschrieben werden möchte. Sammeln Sie bildbehafte Begriffe und Sie werden sehen, es fällt Ihnen nicht nur die Formulierung mit der Zeit leichter, sondern Sie werden innerhalb kürzester Zeit einen wahren Schatz an Ideen Ihr Eigen nennen können.

Netzwerk statt Datenbank
Wertschätzung durch das richtige Wording. Und die zeigt sich unmittelbar im täglichen Umgang mit Mitarbeitern, im Innen- wie auch im Außenverhältnis. Wie häufig hören wir Formulierungen wie „Sie kommen dann in unseren Bewerberpool", „Ich speichere Sie dann in der Datenbank." Verändern Sie Ihr Wording, denn es gilt: „Change your words, change your world." „Wir kümmern uns um Sie", „Sie sind uns wichtig", „wir verfügen über ein seit Jahren gewachsenes Netzwerk", sind nur einige Auszüge der modernen Ansprache. Heben Sie sich mit einer moder-

nen und wertschätzenden Wortwahl vom Wettbewerb ab. Der Erfolg und die damit einhergehende Preisentwicklung werden Ihnen Recht geben.

Bewerberbindung statt Ablage
Entscheidend ist: Mitarbeiter zu gewinnen und vor allem: sie zu halten. Das ist keine Frage von großen Budgets. Wertschätzung, eine starke Kommunikation und attraktive Projekte stehen hoch im Kurs und sind oftmals ausschlaggebender als das Gehalt an sich. Nur wie sieht es aus mit Bewerbern, die sich bei Ihnen vorgestellt haben, als gut befunden wurden und abgesagt haben? Wissen Sie immer, was konkret schiefgelaufen ist und wie Sie eine langfristige Bindung mit dem Bewerber aufbauen können, mit dem Ziel, ihn später für eine Anstellung bei sich zu begeistern? Den meisten Personaldienstleistern fehlt es an einem Bewerberbindungsmanagement. Man kümmert sich um die bestehenden Mitarbeiter (mehr oder weniger), hält locker Kontakt (meist schriftlich) zu ehemaligen Mitarbeitern. Nur die guten, nicht eingestellten Bewerber geraten in Vergessenheit. Das ist umso bedauerlicher, wenn man an die Zeit und das Geld denkt, was bereits für die Vertragsanbahnung investiert wurde. Wir haben gemeinsam mit den meisten unserer Kunden ein attraktives Bewerberbindungsmanagement entwickelt. Die Vorgehensweise an sich ist simpel. Stellen Sie sich zu Beginn dieses Projektes folgende Fragen (Auszug):

- Wie möchte ich mit dem Bewerber nach seiner Absage in Kontakt bleiben?
- Mit wem?
- Welche technischen Möglichkeiten stehen mir zur Verfügung?
- Wie hole ich mir das Einverständnis vom Bewerber ein, ihn weiterhin zu kontaktieren?
- Mit welchen Themen will ich das tun?
- Wie stark will ich in diesem Zusammenhang Empfehlungsmarketing nutzen?
- In welchem zeitlichen Abstand?
- Welche Instrumente habe ich?
- Wer ist für die Einhaltung des Prozesses verantwortlich?
- Welches Budget gebe ich frei?
- Welche Controlling-Tools will ich einführen?

Im Anschluss legen Sie die Rahmenbedingungen, die Verantwortlichkeiten und die klare Vorgehensweise mit den entsprechenden Instrumenten fest. Sie werden sehen, die Kosten amortisieren sich innerhalb weniger Monate und Ihre Rekrutierungskosten werden sich langfristig senken.

Ein Mythos: Wer den Mitarbeiter hat, hat den Auftrag

„Wer den Mitarbeiter hat, der hat den Auftrag." Dieser Leitsatz hat die Personaldienstleistung in den letzten Jahren stark geprägt. Was war die Folge daraus? Die
Einstellung der Vertriebsaktivitäten und eine kolossale Erhöhung der Rekrutierungskosten, die nur bedingt das Gefühl des Bewerbermangels stoppen konnten. Denn
zum einen muss man in der Lage sein, seine Bewerber in der Rekrutierungsphase
für sich und die Jobs zu begeistern. Zum anderen ist es unerlässlich, seinen Markt
genau zu kennen. Nur wenn man keinen Vertrieb macht, ist man nicht in der Lage,
attraktive Kandidaten bei den passenden Firmen zu empfehlen und ohne Projekt-
angebote fällt es schwer, einen Mitarbeiter für sich zu gewinnen. Das eine zu tun,
ohne das andere zu unterlassen, ist die große Kunst in diesem Spiel. Ihr Ziel erreichen Sie nur, wenn es Ihnen gelingt, eine Komposition aus Vertrieb, Recruiting
und Marketing zu erschaffen. Dafür müssen Sie jedoch Ihre Strategie, Ihre Prozesse und auch Ihr Personal neu ein- und aufeinander abstimmen. Unsere Erfahrung
zeigt: Der Aufwand lohnt sich für Ihre Kunden und für Ihre Mitarbeiter, und somit
auch für Sie.

7.4   Einige rechtliche Hinweise zum Schluss: ein Kommentar von Dr. Adrian Hurst[1]

Datenschutz in der Arbeitnehmerüberlassung (AÜ)

Kaum ein Thema hat in den letzten Jahren in der Arbeitswelt für so viel Aufsehen
gesorgt, wie die Einführung der DSGVO und dem damit verbundenen „neuen" Be-
schäftigten-Datenschutz. Dabei haben wir es in der Arbeitnehmerüberlassung zum
einen mit allen datenschutzrechtlichen Aspekten/Zwecken im Beschäftigungsverhältnis zu tun, dem Bewerbungsverfahren, der Durchführung und der Beendigung
des Arbeitsverhältnisses. Zusätzlich wirkt sich in der Arbeitnehmerüberlassung das
Dreiecksverhältnis auch auf den Datenschutz aus. So müssen sämtliche datenschutzrechtlichen Aspekte/Zwecke auch in der Überlassung den datenschutzrechtlichen Vorgaben entsprechen. Es ist also zusätzlich erforderlich, die Verarbeitung
der personenbezogenen Daten des Zeitarbeitnehmers ebenfalls bei der Vorstellung
beim Kunden (Bewerbungsverfahren), bei der Durchführung des Einsatzes (Durchführung des Arbeitsverhältnisses) und auch bei der Beendigung des Einsatzes (Be-

---

[1] Rechtsanwalt Dr. Adrian Hurst, Beratung – Recht – Seminare, www.hurst-consult.de.
Vergleichbares ist ebenso in unserem Buch „Erfolgreich in der Personalvermittlung" er-
schienen (Truchseß und Brandl 2021).

endigung des Arbeitsverhältnisses) auf die datenschutzrechtliche Zulässigkeit hin, zu überprüfen.

Typisch deutsch gibt es beim Datenschutz aber auch noch eine „menschliche" Schwierigkeit. Während wir als Privatpersonen auf einen strengen Datenschutz pochen (man bedenke nur den Aufschrei bei der Volkszählung), empfinden wir in der Rolle des Arbeitgebers die ganze Sache als ziemlich lästig und überflüssig.

Ich halte es daher in der täglichen Praxis für entscheidend, die Perspektive zu wechseln und sich zu fragen, wie man sich selbst als Bewerber den Schutz seiner Daten wünschen würde. Diese Denkweise führt automatisch zu einer besseren Einhaltung der gesetzlichen Vorgaben.

I. **Grundlagen**
   Der Datenschutz wird auch verständlicher, wenn man sich dessen Grundlagen vor Augen führt.

– Das Fundament ist der **Grundsatz der informationellen Selbstbestimmung**: „Jeder hat das Recht, selbst über die Verwendung seiner personenbezogenen Daten zu bestimmen."
  (Welche Daten werden gesammelt? Wer nutzt diese? Zu welchem Zweck? Wie? Wo?)

– Datenschutz greift immer dann, wenn Unternehmen (Zeitarbeitsunternehmen) personenbezogene Daten **elektronisch** (z. B. Software-Datenbank) oder **nicht automatisiert** (z. B. Akten, Karteikarten etc.) **in einer strukturierten Ablage verarbeiten (nutzen)**.

– Unter **personenbezogene Daten** fallen unter anderem Namen, Kennnummern, Standortdaten, Fotos, User-Accounts, Bankdaten, Social Media Posts, Cookies und IP-Adressen etc.
  letztlich alle Daten, *die sich einer natürlichen Person zuordnen lassen.*

– Eine besondere Art personenbezogener Daten sind **sensible Daten**. Hierzu gehören unter anderem die ethnische Herkunft, politische Meinung, religiöse oder philosophische Überzeugung, Gewerkschaftszugehörigkeit oder Gesundheit einer natürlichen Person.

– „**Verarbeiten**" im Sinne des Art. 4 Nr. 1 DSGVO bedeutet **JEDER Vorgang**, wie das Erheben, das Erfassen, die Organisation, das Ordnen, die Speicherung, die Anpassung oder Veränderung, das Auslesen, das Abfragen, die Verwendung, die Offenlegung durch Übermittlung, Verbreitung oder eine andere Form der Bereitstellung, den Abgleich oder die Verknüpfung, die Einschränkung, das Löschen oder die Vernichtung;

II. Datenschutzprozesse im Unternehmen – Rechtmäßigkeit – Information – TOM

Der (Beschäftigten-)Datenschutz muss immer mit den gleichen Prozessen in der gleichen Reihenfolge vorgenommen werden, da er streng an die Grundpfeiler der DSGVO gebunden ist.

1. Rechtmäßigkeit

– *Darf ich die Daten überhaupt verarbeiten?*

Nach dem Grundsatz der Rechtmäßigkeit ist jede Verarbeitung personenbezogener Daten grundsätzlich verboten, sofern keine Ausnahme vorliegt! Grundvoraussetzung für die Datenverarbeitung ist damit eine nachgewiesene Rechtsgrundlage. Dies kann ein Gesetz, ein Vertrag oder eine Einwilligung sein. Diese Rechtsgrundlagen müssen immer den konkreten Zweck der Datenverarbeitung beinhalten (z. B. Bewerbungen, Einstellung, Durchführung des Arbeitsverhältnisses, Durchführung der Arbeitnehmerüberlassung etc.)

– *Was ist der konkrete Zweck für die Datenverarbeitung?*

Nach dem Grundsatz der Zweckbindung müssen personenbezogene Daten für festgelegte, eindeutige und legitime Zwecke erhoben werden und dürfen nicht in einer mit diesen Zwecken nicht zu vereinbarenden Weise weiterverarbeitet werden.

In der Arbeitnehmerüberlassung können diese Zwecke im Innenverhältnis die Begründung, die Durchführung oder die Beendigung des Beschäftigungsverhältnisses sein und im Außenverhältnis die Durchführung der Arbeitnehmerüberlassung. Bei der Durchführung der Arbeitnehmerüberlassung sind wiederum die Vorstellung des Zeitarbeitnehmers beim Kunden, die Durchführung des Einsatzes mit der Eingliederung in den Kundenbetrieb und die Beendigung des Einsatzes z. B. durch eine Abmeldung zu unterscheiden.

– *Brauche ich diese speziellen Daten für den konkreten Zweck überhaupt?*

Nach dem Grundsatz der Datenminimierung muss die Datenverarbeitung dem jeweiligen Zweck angemessen und erheblich sowie auf das für die Zwecke der Verarbeitung notwendige Maß beschränkt sein.

=> Habe ich keine Rechtsgrundlage oder ist die konkrete Datei, die ich verarbeiten will, nicht angemessen oder erheblich, greift der Datenschutz und eine Verarbeitung ist grundsätzlich verboten!

=> Wenn ich die Beschäftigtendaten verarbeiten darf, muss ich hierüber umfassend informieren!

2. **Information**
   - *Habe ich über sämtliche Datenverarbeitungsprozesse umfassend informiert?*

   Nach dem Grundsatz der Transparenz ist es erforderlich geeignete Maßnahmen zu treffen, um der betroffenen Person alle Informationen zu seinem individuellen Datenschutz in präziser, transparenter, verständlicher
   und leicht zugänglicher Form in einer klaren und einfachen Sprache zu
   übermitteln.
   - *Welche Informationen sind das?*
     - Namen und Kontaktdaten des Verantwortlichen (und seiner Vertreter)
     - Kontaktdaten des Datenschutzbeauftragten
     - Verarbeitungszwecke und Rechtsgrundlagen der Verarbeitung
     - Empfänger der Daten
     - Weiterleitung an Dritte
     - Dauer der Datenspeicherung bzw. die Kriterien für die Festlegung
       der Dauer
     - Betroffenenrechte auf Auskunft, Berichtigung, Löschung, Ein-
       schränkung, Datenübertragbarkeit und Widerspruch
     - die Möglichkeit des Widerrufs der Einwilligung
     - das Bestehen eines Beschwerderechts bei einer Aufsichtsbehörde
     - Konkrete Angabe des Erlaubnistatbestandes aus Art. 6 DSGVO
       (z. B. gesetzlich/vertraglich erforderlich)
     - aus welcher Quelle die personenbezogenen Daten stammen und ggfs.
     - ob sie aus öffentlich zugänglichen Quellen stammen

   =>Wenn ich die Beschäftigtendaten (rechtmäßig) verarbeiten darf und
   den Beschäftigten ausreichend hierüber informiert habe, dann muss ich die
   Sicherheit der Datenverarbeitung durch technische und organisatorische
   Maßnahmen (TOM) nachweisen.

3. **Technische und organisatorische Maßnahmen (TOM)**
   - *Was sind TOM genau?*

   Nach dem Grundsatz der Datensicherheit sind die Vertraulichkeit, die
   Integrität und die Verfügbarkeit der Daten zu gewährleisten. Hierzu müssen geeignete technische und organisatorische Maßnahmen (TOM) er-
   griffen werden, um ein dem Risiko angemessenes Schutzniveau zu gewährleisten. Hierbei sind der aktuelle Stand der Technik, und die Art, der
   Umfang, die Umstände und die Zwecke der Datenverarbeitung zu berücksichtigen.

- *Welche Maßnahmen sind das im Einzelnen?*
  - Vertraulichkeit: Zutrittskontrolle (z. B. Schloss), Zugangskontrolle (z. B. Passwörter), Trennungskontrolle (Trennung von Daten, die unterschiedlichen Zwecken dienen) etc.
  - Integrität: Weitergabekontrolle (Schutz und Protokollierung von Datentransfers), Eingabekontrolle (Feststellbarkeit, wer Daten eingegeben und verändert hat) etc.
  - Verfügbarkeit/Belastbarkeit: Schutz gegen Zerstörung und Verlust, Virenschutz, Wiederherstellbarkeit
  - Überprüfung/Evaluation: Regelmäßige Überprüfung der Geeignetheit der ergriffenen Maßnahmen

Praxistipp: Schulung und Verpflichtung aller mit dem Datenschutz beauftragten Mitarbeiter
Die besten Datenschutzprozesse und TOM nützen nichts, wenn sie durch menschliches Verhalten, Gewohnheiten, Tagesabläufe, Stress oder Gedankenlosigkeit unterwandert werden. Dies sind oftmals „gedankenlose" Abläufe, wie der nicht verschlossene Aktenschrank, das kurze Austauschen von Passwörtern oder auch herumliegende Akten in öffentlichen Bürobereichen. Besonders fatal ist das Führen von „Zweitakten" oder das Anfertigen von eigenen (handschriftlichen) Listen, Merkzetteln oder anderen Datensammlungen durch Mitarbeiter.

Für den gesamten Datenschutz und insbesondere für die TOM ist daher eine Sensibilisierung der Mitarbeiter z. B. durch Schulungen, aber auch eine Verpflichtung zur Einhaltung des Datenschutzes z. B. durch eine Zusatzvereinbarung im Arbeitsvertrag essenziell.

III. Datenschutz in der Arbeitnehmerüberlassung
1. Rechtmäßigkeit gemäß § 26 BDSG
Rechtsgrundlage für die Arbeitnehmerüberlassung ist § 26 BDSG. Dieser bestimmt, dass personenbezogene Daten von Beschäftigten dann verarbeitet werden dürfen, wenn die Verarbeitung für die Entscheidung über die Begründung, die Durchführung, die Beendigung oder die notwendige Erfüllung von Gesetzen oder Tarifverträgen im Arbeitsverhältnis erforderlich ist.

Die jeweiligen Zwecke (Bewerbung, Durchführung, Beendigung, Gesetzestreue) sind ausdrücklich in der Rechtsgrundlage genannt und müssen für jede Datenverarbeitung getrennt geprüft werden.

§ 26 Abs. 8 Nr. 1 BDSG bestimmt ausdrücklich, dass als Beschäftigte im Sinne des Datenschutzes auch Zeitarbeitnehmer(innen) im Verhältnis zum Kunden gelten.

Damit ist § 26 BDSG die grundsätzliche Rechtsgrundlage für die Verarbeitung personenbezogener Daten im Beschäftigungsverhältnis und auch im Dreiecksverhältnis.

2. **Erforderlichkeit**

Wie bereits dargelegt und in § 26 BDSG ausdrücklich gefordert, ist für die Rechtmäßigkeit der konkreten Datenverarbeitung aber noch eine strenge Erforderlichkeitsprüfung notwendig.

Hierzu ist grundsätzlich das Persönlichkeitsrecht des Beschäftigten gegenüber dem Informationsinteresse des Arbeitgebers abzuwägen. In der Arbeitnehmerüberlassung ist zusätzlich das Persönlichkeitsrecht des Zeitarbeitnehmers gegenüber dem Informationsinteresse des Kunden ins Verhältnis zu setzen. Hierbei wird ein strenger Maßstab zugunsten des Beschäftigten angelegt.

Die Datenverarbeitung innerhalb der Rechtsgrundlage des § 26 BDSG ist also nur dann rechtmäßig, wenn nur solche personenbezogenen Daten verarbeitet werden, die für den konkreten Zweck auch wirklich erforderlich sind.

Im Innenverhältnis dürften dies z. B. im Bewerbungsverfahren nur Kontaktdaten und Qualifikationsdaten sein. Wird der Bewerber zu Mitarbeiter, sind zusätzliche Daten wie z. B. der Familienstand oder die Zugehörigkeit zu einer Religionsgemeinschaft für die Anmeldung bei den Sozialversicherungen erforderlich.

Für die Durchführung der Arbeitnehmerüberlassung dürften im Vorstellungsprozess grundsätzlich nur Qualifikationsdaten erforderlich sein. Für den tatsächlichen Einsatz kommen dann noch Konkretisierungsdaten wie z. B. Name und eventuell Geburtstag oder Sozialversicherungsnummer hinzu. Sollten beim Kunden weitere Daten z. B. ein polizeiliches Führungszeugnis erforderlich sein, so muss hier die Erforderlichkeit durch den Kunden im Einzelfall nachgewiesen werden.

Praxistipp: Anpassen von Vorlagen und Dokumenten

Sie können bereits einen Datenschutzprozess nachweisen und ein Rechtsrisiko vermeiden, wenn Sie diese Vorgaben in alle Musterdokumente und Masken übertragen.

Gestalten Sie Ihre Online-Bewerbungsmasken, ihre Musterdokumente (Frage-, Erfassungsbögen etc.) und auch die Eingabemasken in Ihrer Software so, dass hier zunächst tatsächlich nur erforderliche Daten eingetragen werden (können).

Weitere Eindrücke und Informationen aus dem Bewerbungsverfahren (Vorstellungsgespräch etc.) können z. B. gut in einem Strategiegespräch mit dem Kunden ausgetauscht werden.

3. **Datenweitergabe an Dritte**

Die Weitergabe personenbezogener Daten an Dritte (auch im Dreiecksverhältnis) ist wieder ein völlig selbstständiger Sachverhalt der Verarbeitung personenbezogener Daten. Zur Einhaltung des Datenschutzes muss man also auch hierfür wieder sämtliche Prüfungsschritte einhalten.

Das Zeitarbeitsunternehmen darf also die personenbezogenen Daten der Zeitarbeitnehmer (innen) nur dann an seinen Kunden weiterleiten, wenn die Datenweitergabe rechtmäßig ist, der Bewerber hierüber informiert wurde und die notwendigen TOM für die Weitergabe gegeben sind.

Rechtsgrundlage ist hier wiederum – wie oben dargelegt – § 26 BDSG. Dies gilt aber wieder nur, wenn die Daten für den konkreten Zweck im Rahmen der Arbeitnehmerüberlassung auch tatsächlich erforderlich sind.

4. **Einwilligung**

Eine Einwilligung in die Verarbeitung personenbezogener Daten muss freiwillig, unmissverständlich und auf einen bestimmten Fall bezogen sein und unterliegt grundsätzlich ebenfalls der Information des Betroffenen.

Im Bewerbungs-, Arbeits- und Dreiecksverhältnis ist eine Einwilligung schwierig, da sowohl die DSGVO als auch die Rechtsprechung, aufgrund des Abhängigkeitsverhältnisses zwischen Bewerber/Arbeitnehmer und Unternehmen, die Freiwilligkeit grundsätzlich als nicht gegeben ansieht.

Der deutsche Gesetzgeber hat versucht, die Vorgaben für die Zulässigkeit einer Einwilligung in § 26 Abs. 2 BDSG zu konkretisieren. Demnach ist für die Beurteilung der Freiwilligkeit einer Einwilligung insbesondere die konkrete Abhängigkeit zu berücksichtigen. Eine Freiwilligkeit kommt nur dann in Betracht, wenn für den Bewerber/Arbeitnehmer ein rechtlicher oder wirtschaftlicher Vorteil erreicht wird oder zumindest gleich gelagerte Interessen verfolgt werden.

In der Arbeitnehmerüberlassung (der Bewerber möchte den Job, der Zeitarbeitnehmer den Einsatz) wird man daher grundsätzlich nicht von einer Freiwilligkeit einer Einwilligung ausgehen können.

Hinzu kommt entscheidend, dass eine Einwilligung nicht als „Allheilmittel" genutzt darf. Gibt es also z. B. eine gesetzliche Rechtsgrundlage, die wie § 26 BDSG bei der Arbeitnehmerüberlassung nur die Verarbeitung der erforderlichen Daten erlaubt, so darf man sich die nicht erforderlichen Daten nicht durch eine Einwilligung „besorgen".

Praxistipp: „Jeder ist für seinen eigenen Datenschutz verantwortlich"
Gerade in der Arbeitnehmerüberlassung kommt es häufig vor, dass Kunden personenbezogene Daten von Zeitarbeitnehmern haben wollen, obwohl diese für die Durchführung der Arbeitnehmerüberlassung eigentlich gar nicht erforderlich sind. So werden oftmals grundsätzlich polizeiliche Führungszeugnisse verlangt oder Alter bzw. Geschlecht vorgegeben.

Hier muss nochmals betont werden, dass die Verarbeitung solcher Daten verboten ist, da es keine Rechtsgrundlage gibt. § 26 BDSG scheidet aus, weil diese Daten für den konkreten Zweck der Arbeitnehmerüberlassung nicht erforderlich sind. Eine Einwilligung kommt nicht in Betracht, da sie aufgrund fehlender Freiwilligkeit unwirksam wäre. Die Weitergabe solcher Daten durch das Zeitarbeitsunternehmen wäre ein schwerwiegender Datenschutzverstoß!

Oftmals wird diesen Unternehmen gar nicht klar sein, dass sie solche Daten selbst ebenfalls nicht verarbeiten, also z. B. in ihre Zeitarbeitnehmer-Liste aufnehmen dürfen. Auch hier greift wieder das strenge Erforderlichkeitserfordernis des § 26 BDSG, der auch dem Kundenunternehmen verbietet, personenbezogene Daten zu verarbeiten, die nicht erforderlich sind. Dies würde einen erheblichen Datenschutzverstoß darstellen, der allein das Kundenunternehmen treffen würde.

7.5   Die Kunst, ein guter Verkäufer im Personal-wesen zu sein

Als Personaldienstleister sind Sie Vermittler, immer mehr ein Berater und auch ein Marketingexperte im Dienste Ihrer beiden Kundengruppen. Die Rahmen-bedingungen für die Branche werden sich weiterhin kontinuierlich wandeln. Ursache sind Marktveränderungen, die Digitalisierung, gesetzliche und auch ge-sellschaftliche Entwicklungen. Eines bleibt jedoch immer bestehen: Nur wer sich auch als Verkäufer sieht und entsprechend weiterbildet, wird erfolgreich sein. Wie das gelingt, erfahren Sie in diesem Kapitel, denn oftmals sind es nur Kleinigkeiten in unserem Wording, unserer Vorgehensweise und in unserem Auftreten, die am Ende den Unterschied ausmachen.

Es gibt ein immer geringeres Angebot an Anlerntätigkeiten, die Berufsbilder verändern sich stark, das Bildungssystem zeigt immer mehr seine Schwachstellen und die Ansprüche der Arbeitssuchenden steigen. Das hat Folgen für Ihre künftige Kundenstruktur, für Ihre Bewerbersuche und deren Qualifikationen. Die hohe Nachfrage nach praxisorientierten Seminaren zur strategischen Neukunden-gewinnung oder zur Personalvermittlung ist auch eine Folge des Wandels der Zeit-arbeit „vom Personalbeschaffer zum Berater". Das Berufsbild des klassischen 360-Grad-Personaldisponenten muss sich daher ebenfalls stets weiter entwickeln. Um auf diesem Weg voranzukommen, geht es vor allem um die „Kunst, ein erfolg-reicher Verkäufer im Bereich Personalwesen" zu sein. Denn gerade die Jahre 2017 bis 2021 haben wieder gezeigt: Wer seinen Markt nicht kennt, Vertriebsaktivitäten eingestellt und sich zu sehr auf den Bewerbermarkt fokussiert hatte, musste sich extrem umstellen, um genügend Alternativen in seinem Kundenportfolio zu haben.

Betrachten Sie Ihr Unternehmen einmal aus der Vogelperspektive. Sind Sie fit für diesen weiteren Change-Prozess? Fortbildung ist ein unverzichtbares Wert-schöpfungsinstrument für die Entwicklung und den Erfolg Ihres Unternehmens und Ihrer Fähigkeiten. Für jeden Sportler und Künstler bedeutet das: tägliches Trai-ning, Training, Training – das wichtigste Handwerkszeug. Vertiefen Sie Ihre Kenntnisse kontinuierlich, analysieren Sie Fehlversuche und nehmen Sie Schritt für Schritt anspruchsvollere Hürden. Mit dem Erfolg des Trainings kommt die Freude an Ihrer Vertriebsarbeit und wir sind uns sicher: sie wird für Sie eine Selbst-verständlichkeit werden.

In den letzten Jahren waren uns bei den meisten Projekten ganzheitliche Potenzialanalysen mit INSIGHTS MDI® und EQ® oder auch Kompetenzanalysen mit OutMatch ASSESS by Scheelen® eine große Unterstützung. Denn der ent-scheidende Punkt ist nun, dass Sie für sich ganz persönlich herausfinden, welche

Vorgehensweise zu Ihnen am besten passt. Wo genau liegt Ihr Talent? Was sind Ihre Stärken und auch Kompetenzen im Vertrieb? Die genannten Analysen sind Instrumente zur Selbsterkenntnis, um das eigene Potenzial weiterzuentwickeln. Sie helfen bei der Bewusstwerdung über eigene Verhaltensstrategien und bei der Entwicklung von neuen Verhaltensoptionen. Analysen unterstützen die Weiterentwicklung von Ressourcen und Talenten und die Entwicklung einer integrierten und ganzheitlichen Persönlichkeit.

Gerade in Zeiten wachsender Kunden- und Qualitätsansprüche erweist es sich als klarer Wettbewerbsvorteil, interne Kompetenzen zu fördern und Potenziale systematisch zu entwickeln. Ein Muss für den Zeitarbeitsmarkt. Nur Unternehmen die die Stärken ihrer Mitarbeiter kennen und gezielt fördern, werden ein schlagkräftiges und damit wettbewerbsfähiges Team aufbauen können. Denn ein weiteres Plus dieser Instrumente ist die Verringerung der internen Fluktuation und somit die Steigerung der Kontinuität und eine Kostensenkung der variablen Personalkosten. Seien auch Sie gerüstet für die zukünftigen Herausforderungen und erkennen Sie Ihr Potenzial!

Sie scheuen den telefonischen Erstkontakt? Vielleicht sind Sie eher der Vertriebstyp, der sich für Kaltbesuche eignet oder über XING und LinkedIn den ersten Schritt wagt? Sie sehen sich eher in der Rolle des Personalers? Wunderbar, dann ist die aktive Platzierung die geeignete zu priorisierende Methodik. Sie haben vielleicht das Potenzial, es fehlen Ihnen jedoch die entsprechenden Kompetenzen? Je schneller Sie die Optimierungspunkte bei sich erkennen, desto schneller ist Ihre Entwicklung.

Muss nicht jeder Personaler heutzutage auch ein guter Verkäufer sein? Vor allem mit Blick auf den rasant ansteigenden Bewerbermangel ist diese Frage unserer Ansicht nach eindeutig zu bejahen. Aussagen von Kollegen „Ich bin ja nur ein Recruiter und kein Vertriebler" sind daher falsch. Wie wichtig die Auseinandersetzung mit dieser Frage ist, erkennt man aktuell in der Zusammenarbeit mit den Personalabteilungen beim Nachfassen von Unterlagen und Angeboten. Die Erfahrung in diesem Prozessabschnitt zeigt, wie oft Ansprechpartner in den Personalabteilungen verwaltungs- und nicht vertriebsorientiert agieren und dreiwöchige Vertröstungsprozesse keine Ausnahme sind. Dieses Verhalten läuft jedoch konträr zur steigenden Erwartungshaltung des Bewerbers an seinen künftigen Arbeitgeber hinsichtlich der Themen Wertschätzung, Serviceorientierung und Schnelligkeit der Entscheidungsprozesse. Nutzen Sie Ihren Wissensvorsprung und auch die Flexibilität der Personaldienstleistungsbranche.

Wir wünschen Ihnen alles Gute auf Ihrem weiteren Erfolgsweg zum strategisch und strukturierten Vertriebsprofi!

Ihre

Nicole Truchseß und Markus Brandl

Literatur

Truchseß N, Brandl M (2021) Erfolgreich in der Personalvermittlung. Springer Gabler, Wiesbaden

The manufacturer's authorised representative in the EU is Springer
Nature Customer Service Centre GmbH, Europaplatz 3, 69115 Heidelberg,
Germany. If you have any concerns regarding our products, please
contact ProductSafety@springernature.com

Printed and bound by CPI Group (UK) Ltd, Croydon, CR0 4YY
24/04/2026
02096341-0002